UM CASAMENTO
ABENÇOADO

VIVA O CÉU NA TERRA EM SEU CASAMENTO

UM CASAMENTO ABENÇOADO

ROBERT & DEBBIE MORRIS

LAN
EDITORA
Rio de Janeiro, 2013
www.edilan.com.br

UM CASAMENTO ABENÇOADO
por Robert & Debbie Morris
Editora Luz às Nações Ltda. ©2013

Coordenação Editorial: *Equipe Edilan*
Impressão: *Sermográfica*

Originalmente publicado nos Estados Unidos sob o título The Blessed Marriage por Robert & Debbie Morris. Originally published in the USA under the title "The Blessed Marriage" Copyright © 2009, by Robert Morris. Published by Gateway Create Publishing, Southlake, Texas.

Publicado no Brasil por Editora Luz às Nações Ltda. Rua Rancharia, 62, parte, Itanhangá, 222753-070 Rio de Janeiro, RJ, Brasil. Tel.: (21) 2490-2551. 1ª edição brasileira: outubro de 2013. Todos os direitos reservados.

Salvo indicação em contrário, todas as citações bíblicas foram extraídas da Bíblia Sagrada Nova Versão Internacional (NVI), Editora Vida; da Almeida Corrigida e Revisada Fiel (ACF), SBB e da Almeida Atualizada (AA), SBB. As demais versões foram traduzidas livremente do idioma inglês em função da inexistência de tradução no idioma português.

Por favor, note que o estilo editorial da Edilan inicia com letra maiúscula alguns pronomes na Bíblia que se referem ao Pai, ao Filho e ao Espírito Santo, e pode diferir do estilo editorial de outras editoras. Observe que o nome "satanás" e outros relacionados não iniciam com letra maiúscula. Escolhemos não reconhecê-lo, inclusive ao ponto de violar regras gramaticais.

CIP-BRASIL. CATALOGAÇÃO-NA-FONTE
SINDICATO NACIONAL DOS EDITORES DE LIVROS, RJ

M858u

Morris, Robert
Um casamento abençoado : viva o céu na Terra em seu casamento / Robert Morris, Debbie Morris ; [tradução Equipe Edilan]. - [1. ed.] - Rio de Janeiro : Luz às Nações, 2013.
153 p. ; 23 cm.

Tradução de: The blessed marriage

Inclui índice
ISBN 978-19-45488-03-0

1. Casamento - Aspectos religiosos - Cristianismo. 2. Casamento - Doutrina bíblica. I. Morris, Debbie. II. Título.

13-06279   CDD: 248.84
                  CDU: 27-452

17/10/2013 17/10/2013

Sumário

Este livro é dedicado aos pais de Debbie,
Grady e Edra Hughes.

A Grady W. Hughes:
Por nos deixar uma rica herança de amor,
demonstrando-o como um verbo
melhor expressado em ação.

À Edra Hughes:
Por vencer as adversidades com fé,
encarando o futuro corajosamente
e sempre oferecendo um lar aconchegante e cheio de amor.

Prefácio

Robert e Debbie Morris são nossos amigos e parceiros de trabalho há muitos anos, e agora são nossos pastores. Quando eles começaram a escrever este livro, nós sabíamos que estava por vir uma palavra de Deus no tempo certo. Numa cultura infectada pelo divórcio, um casamento cheio de amor e felicidade parece até coisa de cinema. As estatísticas são tão deprimentes que as pessoas se questionam se um casamento abençoado pode existir mesmo.

Nós não podemos começar a contar o número de vezes que vieram nos perguntar: "Vocês realmente se dão bem como aparece na televisão?" As pessoas parecem não acreditar que duas pessoas que têm vivido juntas por tanto tempo ainda possam gostar uma da outra. Porém, após mais de 40 anos de casamento, nós podemos dizer sinceramente que, pela graça abundante de Deus, hoje nós amamos e curtimos um ao outro mais do que nunca.

Marido, se você está à procura de três passos para fazer sua esposa feliz só para você poder fazer tudo do seu jeito, você nunca irá encontrá-los. Não existe uma forma milagrosa de desfrutar de uma esposa com quem você não compartilha nenhuma intimidade. Não existe nenhum sistema mágico para aprender a amar outra pessoa mais do que você ama a si mesmo. Apenas Deus pode pegar dois corações e ensiná-los a bater como um só. Ele quer que seu casamento se conforme ao plano de bênção Dele, o que não irá apenas mudar a interação de vocês um com o outro, mas irá servir aos propósitos do Reino Dele também.

Esposa, se você espera que seu marido seja a sua fonte suprema de alegria e de realização, você ficará desapontada todas as vezes. Betty sabe de primeira mão a dificuldade que vem com esse tipo de pensamento. Foi só quando ela começou a crer que Deus a amava verdadeiramente e começou a confiar no amor Dele que ela pôde receber o meu amor. Sua fé no cuidado de Deus por ela tirou dos meus ombros o peso de ter que fazê-la feliz e nos libertou para curtir a aventura de seguir a Cristo juntos.

Quando começamos nosso casamento, não tínhamos nenhum plano de estarmos juntos na televisão algum dia. Com seu jeito tímido e quieto, Betty estava muito satisfeita em permanecer completamente fora dos holofotes enquanto eu pregava. No entanto, Deus nos mostrou que Ele queria que nós trabalhássemos juntos mais visivelmente. Ele queria que a Betty fosse a coapresentadora do programa de televisão LIFE TODAY. Minha doce e tímida esposa permitiu que Deus a esticasse para bem longe da zona de conforto em que ela sempre havia ministrado; o resultado tem sido verdadeiramente incrível.

De repente, nosso casamento e nossa família estavam à mostra para o mundo. Nunca antes havíamos ministrado juntos tão de perto. E quanto mais trabalhamos juntos, mais ficamos convencidos de que o casamento é um dos maiores presentes de Deus para a humanidade. Quando estamos submissos à Palavra de Deus, nossa união é marcada pelo Seu amor inesgotável. Qualquer relacionamento construído sobre um amor que não acaba irá crescer em vida de bênção abundante.

Esteja você buscando desesperadamente esperança para um casamento à beira da ruína, ou simplesmente buscando restaurar vida a um casamento preso na rotina maçante do dia a dia, você encontrará respostas neste livro. O testemunho de Robert e Debbie irá encorajá-lo e desafiá-lo a sair da derrota em rumo à vitória em seu casamento. Que você descubra um casamento verdadeiramente abençoado ao ler e se submeter à verdade contida nessas páginas.

- JAMES E BETTY ROBISON

Plano Divino: Descobrindo o Plano Abençoado de Deus para o Casamento

CAPÍTULO UM

O Casamento é a Imagem de Deus

Quando nos casamos, eu (Robert) não tinha planos de fazer grandes mudanças na minha agenda social a fim de acomodar minha esposa. Sempre amei esportes e estar ao ar livre: esquiar, mergulhar, andar de motocicleta, jogar golfe, caçar, e outras coisas mais. Eu não conseguia imaginar a vida sem esses prazeres.

Bem, não demorou muito para que a disputa pelo meu tempo se tornasse um problema em nosso casamento. Certa noite, estávamos acordados até tarde tendo uma "discussão". Você sabe de que tipo de discussão estou falando, não sabe? Elas geralmente envolvem gritos, gestos exagerados e às vezes até lágrimas. Isso mesmo... uma "discussão". A causa dela era que Debbie havia se cansado de ser jogada para escanteio pela minha obsessão egoísta por entretenimento. Eu, é claro, não via nada de errado com a forma como eu estava agindo. Eu achava que ela estava sendo egoísta por querer que eu desistisse das coisas na minha vida que me davam prazer.

No auge da nossa discussão, Debbie olhou para mim com lágrimas nos olhos e disse: "Às vezes, com o tão pouco tempo que você passa comigo, eu até me pergunto se você me ama mesmo". Jovem e imaturo, eu respondi rapidamente, mas não muito delicadamente: "Você não sabe se eu te amo? Olha o tamanho desse anel no seu dedo!" Tudo bem, agora, vinte e poucos anos depois, eu sei que aquele foi um comentário extremamente superficial e insensível. Entretanto, naquela época, eu realmente acreditava que havia provado meu amor o suficiente comprando um anel caro para ela. Com o coração ferido, Debbie olhou para mim, arrancou o anel do dedo, colocou-o sobre o criado mudo e disse: "Eu só vou colocá-lo de volta se você passar o dia de amanhã comigo".

Nós já percorremos um longo caminho desde aquela discussão. Agora, Debbie é a pessoa mais importante da minha vida. Quando estou estressado, ela me encoraja a ir jogar golfe; e saímos para caçar juntos. Somos mais apaixonados hoje do que no dia em que dissemos "Aceito." Como aquele casal brigão saiu do desastre para a bênção? Deus transformou nossos corações com a Sua verdade, e Seu Espírito nos uniu e nos abençoou com uma intimidade maravilhosa. Ele é tão bom, e nós descobrimos que os caminhos Dele são perfeitos.

A FELICIDADE DO ÉDEN

O casamento sempre pareceu ser assim como parece ser na maioria dos lares hoje? Se câmeras escondidas seguissem típicos casais cristãos e típicos casais não cristãos, será que seríamos capazes de dizer quais casamentos seriam união de crentes simplesmente ao assistir como eles tratam um ao outro? Já que a humanidade é decaída, é viável esperar que uma união entre homem e mulher possa levar a algo a não ser dores de cabeça e corações partidos?

Vamos voltar ao Jardim do Éden, onde o primeiro casal viveu o primeiro casamento completamente e exatamente como Deus planejou. Como deve ter sido?

"No princípio, Deus criou os céus e a Terra" (Gn 1:1). No sexto dia, Ele criou o homem. Apesar de o homem ter aproveitado a utopia da Terra ainda não amaldiçoada e a mais doce comunhão possível com Deus, ele não estava contente. Porém, esse descontentamento não vinha de uma atitude pecaminosa, mas de uma necessidade sincera. Deus havia colocado dentro dele um desejo por algo mais, alguém mais; o homem precisava de uma companheira. Até mesmo Deus, que havia se agradado de tudo que havia criado, comentou: *"Não*

é bom que o homem esteja só; farei para ele alguém que o auxilie e lhe corresponda" (Gn 2:18).

No entanto, o homem não estava completamente sozinho. Ele vivia num zoológico! Na verdade, o primeiro trabalho dele como governador sobre toda a criação de Deus foi dar nome a todos os animais. Secretamente, ele deve ter tido esperança de que ao conhecer os animais ele encontraria um que seria uma companhia agradável. Mas infelizmente não havia nenhum na terra como ele. Adão, o primeiro homem, pôde apreciar a solidão de uma forma que nenhum de nós nunca saberá.

Sintonizado com os desejos e as necessidades de Adão, Deus entrou em cena como provedor. Ele pôs Adão para dormir, retirou uma costela de seu lado e criou a mulher a partir daquela costela. Ao acordar, Adão contemplou maravilhado a obra das mãos de Deus:

> *Disse então o homem: "Esta, sim, é osso dos meus ossos e carne da minha carne! Ela será chamada mulher, porque do homem foi tirada".*
>
> *Gênesis 2:23*

Sabe, Adão poderia ter dado a ela o nome de "Empregada" ou "Cozinheira" ou "Bambi", mas não fez isso. O relacionamento deles era tão puro que ele não estava buscando o que ela podia fazer por ele. Ao contrário, ele simplesmente a recebeu como o presente que ela era. A mulher foi criada para preencher o desejo por companhia que havia no coração dele... e ela o fez.

Jamais existiu uma era mais inocente entre o homem e a mulher. Eles estavam completamente vulneráveis um ao outro, nus e expostos. Com nada a esconder, nenhum pecado para destruir suas intenções, e nenhum passado para desgastar suas expectativas, Adão e Eva embarcaram na linda aventura do casamento.

Você pode imaginar como seria um relacionamento sem as pragas do egoísmo, da ambição, ou da rebelião? Adão e Eva devem ter prosperado em absoluta harmonia e paz. Sem disposições pecaminosas, eles naturalmente colocavam o outro na frente de si mesmo. Esse era o plano de Deus para o casamento. Era destinado a ser um lugar de serviço e ternura. Era destinado a trazer alegria e completude. Na perfeita criação de Deus, a união entre o homem e a mulher foi projetada para ser um local seguro para que eles cumprissem seus propósitos supremos ao se doarem completamente para o outro com o prazer da intimidade absoluta.

NÃO ESTAMOS MAIS NO ÉDEN

O casamento sofreu uma queda feia quando Adão e Eva se rebelaram contra o plano perfeito de Deus. Quando eles se separaram de Deus, eles se separaram um do outro também. Egoísmo, disputa, e imaturidade não só afetaram cada um como indivíduos, mas essas inadequações tornaram o casamento perfeito inalcançável. Agora, milênios depois, nós nos encontramos aceitando o divórcio como uma resolução satisfatória para os problemas do pecado dentro do lar. Nós percorremos um longo caminho desde o Jardim do Éden.

Entretanto, o divórcio não é algo novo. Tem estado a nossa volta quase há tanto tempo quanto o pecado... também não por coincidência. Na época de Jesus, era um tema quente de discussão. Os fariseus inclusive tentaram usá-lo para pegar Jesus em heresia. Eles foram até Ele e perguntaram: *"É permitido ao homem divorciar-se de sua mulher por qualquer motivo?"* (Mt 19:3). Os fariseus conheciam a lei, e conheciam a interpretação da lei ainda melhor. Eles conheciam as permissões para o divórcio dentro da cultura judaica, e esperavam que Jesus dissesse algo que provasse que Ele era contra a lei de Deus.

No entanto, a resposta de Jesus deve ter deixado-os perturbados, pois a primeira coisa que Ele disse foi: *"Vocês não leram...?"* (Mt 19:4). Bem, aqueles eram fariseus, homens religiosos muito cultos. Eles memorizavam os primeiros cinco livros da Bíblia, conheciam-nos de cor. É claro que eles haviam lido! Porém, Jesus sabia que apesar de terem lido, eles não tinham nenhum entendimento da verdade do casamento; do contrário, eles nunca teriam feito aquela pergunta.

Jesus continuou:

Ele respondeu: "Vocês não leram que, no princípio, o Criador 'os fez homem e mulher' e disse: 'Por essa razão, o homem deixará pai e mãe e se unirá à sua mulher, e os dois se tornarão uma só carne?' Assim, eles já não são dois, mas sim uma só carne. Portanto, o que Deus uniu, ninguém separe".

Mateus 19:4-6

Essas são palavras fortes. Na sociedade atual, são palavras de guerra. Isaías 59:19 nos diz:

Vindo o inimigo como uma corrente de águas, o Espírito do Senhor arvorará contra ele a sua bandeira. (ACF)

Mesmo lá nos tempos bíblicos, satanás atacava o povo de Deus usando mentiras sobre a beleza e o propósito do casamento. Jesus é a Palavra de Deus na carne, e Ele não tolerará o engano. Sem desculpas ou explicações, Jesus colocou a verdade diante deles. Ele olhou aqueles homens religiosos bem nos olhos e falou a verdadeira verdade de Deus.

Apesar da resposta de Jesus, os fariseus não desistiram aqui. Eles desenterraram ainda mais suas interpretações dogmáticas da lei e fizeram outra pergunta: *"Então, por que Moisés mandou dar uma certidão de divórcio à mulher e mandá-la embora?"* (versículo 7). Pergunta justa. Os judeus deveriam viver pela lei, e a lei de Moisés dava as instruções sobre como deveria ser o divórcio. Pensando que haviam encurralado Jesus, os fariseus perguntaram como as palavras de Jesus e as de Moisés poderiam possivelmente combinar.

A resposta de Jesus a eles é a mesma resposta que precisamos ouvir hoje. *"Jesus respondeu: 'Moisés lhes permitiu divorciar-se de suas mulheres por causa da dureza de coração de vocês. Mas não foi assim desde o princípio'"* (Mt 19:8). Amigos, o divórcio sempre é o resultado da dureza de coração. Em alguns divórcios, há um coração duro e uma vítima. Em outros, há dois corações duros que recusam se submeter. Às vezes, o coração duro se manifesta através de adultério. Outras vezes, ele separa o casal através do abandono. Infelizmente, a dureza de coração debilita a fé que é essencial para a sobrevivência do casamento. Onde quer que apareça, o coração duro leva ao divórcio. Deus nunca planejou que o divórcio fosse uma opção para o casamento. Moisés fez uma concessão somente por causa da dureza do coração do homem.

Voltemos às palavras de Jesus em Mateus 19:4-5. *"Vocês não leram que, no princípio, o Criador 'os fez homem e mulher' e disse: 'Por essa razão, o homem deixará pai e mãe e se unirá à sua mulher, e os dois se tornarão uma só carne'?"*. Jesus está se referindo ao relato da criação, lá em Gênesis 1:27 e 2:24. Em Gênesis 1:27, lemos que Deus criou o homem e a mulher à Sua própria imagem. Não diz que somente o homem foi criado à imagem de Deus, mas que o homem e a mulher foram. Os homens carregam a imagem de Deus, e as mulheres também.

Você já parou para pensar que Deus é masculino e feminino? Os dois gêneros revelam atributos de Deus que são únicos. Como uma pessoa solteira, você pode representar qualidades do Deus Pai *ou* do Deus Filho *ou* do Deus Espírito Santo. Porém, como uma pessoa solteira, você não pode representar a Trindade. Você é apenas uma pessoa, um gênero.

Aqui está a verdade sobre o casamento a qual queríamos chegar. Essa verdade irá mudar sua perspectiva sobre o casamento para sempre. Ela tem o poder de transformar o seu relacionamento com o seu cônjuge. Viver a realidade dessa verdade fará de você uma testemunha eloquente do caráter de Deus para seus filhos, sua família, seus vizinhos, e sua igreja.

Você está pronto para isso? O casamento *É* a imagem absoluta de Deus. Um casal casado, submisso ao plano divino para o matri-mônio, irá apresentar a imagem de Deus para o mundo. Devido ao pecado, nem todo casamento pode capturar a beleza da Divindade, mas a união de dois crentes que são comprometidos a deixar a realidade da Trindade brilhar através de seu relacionamento não irá apenas mostrar ao mundo como Deus é, mas esses dois que se tornaram um também irão desfrutar da mesma intimidade que o Pai, o Filho e o Espírito compartilham.

Você captou isso? Deus, o grande Três-em-Um, escolheu revelar-Se a este mundo através do relacionamento do seu casamento. Se você permitir que Ele faça isso, Ele abençoará seu casamento com os benefícios do companheirismo celestial. Esse é o desejo supremo de Deus para o casamento. Dois se tornam um, assim como Ele é um, trazendo a Ele glória suprema e canalizando bênção abundante à sua união e à sua família. Isso é um casamento abençoado.

SENDO A IMAGEM DE DEUS

O casamento é a imagem de Deus. Lindo. Isso soa simplesmente tão poético. Soa também como um relacionamento longe do que a maioria dos casais experimenta todos os dias. A Trindade é harmoniosa, complementar, funcional e convidativa. Alguma dessas palavras descreve o seu casamento? Elas certamente não descreviam o nosso quando nos casamos!

Pense no último desentendimento de vocês. Ele continha harmonia? E quanto aos seus estilos individuais de educar os filhos? Você diria que eles complementam um ao outro? As suas interações diárias resultam num estilo de vida funcional, ou vocês regularmente se sentem disfuncionais porque suas diferenças fazem a vida parecer impossível? As pessoas são atraídas para sua casa, atraídas a ter relacionamento com a sua família? O seu casamento realmente se parece com Deus?

Refletir Deus em nosso casamento não pode ser um conceito que simplesmente admiramos. Deve ser um estilo de vida que abraçamos. Quando vivido, refletir Deus irá comunicar três verdades extraordinárias sobre a pessoa Dele.

COLOCANDO A CABEÇA NO LUGAR

Primeiramente, o casamento demonstra a igualdade que funciona com a ordem. Pense sobre como a Trindade trabalha. Temos Deus Pai, Deus Filho e Deus Espírito Santo. Qual é maior do que o outro? Nenhum. Todas as três pessoas da Trindade são totalmente iguais. No entanto, Deus Pai é o cabeça da Trindade. Isso só é possível se "cabeça" se referir à função e não à posição. Há uma diferença.

O presidente de um banco é o cabeça. Ele ocupa a posição de liderança, recebe um salário mais alto, toma todas as decisões, e impõe sua vontade sobre todos aqueles sob seu controle. Nesse sentido, cabeça é a posição a partir da qual ele domina. Porém, Deus Pai não Se posiciona sobre o Filho e sobre o Espírito. Ao contrário, Ele funciona como o cabeça da unidade deles para que cada um possa prosperar em seus papéis individuais. Um exemplo disso seria uma parceira entre um vendedor e um fornecedor. A fim de ser uma parceria de sucesso, o fornecedor tem que providenciar algo para o vendedor poder comercializar. O fornecedor funciona como o cabeça dessa parceria, pois ele é a fonte a qual o vendedor recorre para poder fazer seu trabalho. Na realidade, nenhum dos dois pode ser bem-sucedido sem o outro. Eles são igualmente importantes. De modo similar, Deus Pai é a fonte para o Filho e o Espírito. Eles obtêm Dele tudo que precisam para alcançar todo Seu potencial.

Dentro do casamento, Deus estabeleceu o marido como o cabeça da esposa. Deus não o posicionou acima dela com um punho de ferro e uma campainha para chamá-la. Não, Deus coloca grande expectativa sobre esse marido. Ele deve refletir o papel do Pai na Trindade como a fonte do relacionamento. A função do marido no casamento não é chefiar. Não é ser senhor, mestre ou garanhão. É ser a fonte. Assim como Deus é o provedor do marido, o marido deve prover para sua esposa financeiramente, emocionalmente, mentalmente e espiritualmente.

Pense no marido como sendo o cabeça assim como a nascente é a fonte da água. A nascente empurra água para fora do solo. Você consegue imaginar isso? A função do marido é se posicionar debaixo da esposa e lançá-la para cima. O sucesso dela depende da obediência dele de ser sua fonte. Por causa dele, ela irá subir despercebida, quase sem molhar o solo em volta da nascente, ou irá explodir como um gêiser, impulsionando para as alturas, jorrando sobre áreas que ela nunca imaginou que poderia alcançar. Ela não é menos importante que ele. Ele não é maior que ela. Eles são uma equipe, iguais em termos de posição, mas separados em termos de função.

Às vezes, o problema no casamento não é que ele sofre da síndrome do "cavaleiro sem cabeça". Os homens são frequentemente culpados por não tomarem a iniciativa e assumirem a liderança, mas frequentemente também as mulheres usurpam a posição de líder dentro do lar criando uma ordem não sancionada por Deus. Nessas famílias, existe uma batalha constante com um "monstro de duas cabeças". O plano de Deus é que o marido seja o cabeça. Esposas que recusam se submeter a essa ordem natural geram frustração constante em seu relacionamento marital assim como em seu lar.

Quando os ímpios forem à sua casa, quando eles viverem perto o bastante de vocês para observar seu casamento, eles devem ficar admirados de ver a igualdade que existe entre vocês. O mundo não acha que é possível ter igualdade total num casamento em que o marido é o cabeça. Eles acham que essas duas ideias são totalmente opostas. O problema é que nunca foram apresentados ao nosso Deus. Ele tem prosperado com liderança e igualdade por toda a eternidade. O casamento nos dá uma chance de provar a um mundo desconfiado que a Trindade existe e que Seus caminhos são perfeitos. Juntos, você e seu cônjuge podem exibir a prosperidade notável que é conquistada quando a igualdade é vivida em submissão à ordem prescrita por Deus.

ABRAÇANDO A DIVERSIDADE DO OUTRO

Uma segunda maneira como o casamento reflete Deus é celebrando a individualidade dentro da unidade. Existem duas formas distintas de definir a palavra "um". A primeira descreve a solidão, como sendo o único: "Há apenas um pedaço de bolo de chocolate sobrando. É melhor você pegá-lo enquanto pode!"

Entretanto, a forma como o casamento é "um" realmente fala da unidade alcançada através de sua pluralidade. Em outras palavras, não pode haver unidade no casamento a menos que haja dois indivíduos.

Nosso sobrinho jogava futebol na escola. No segundo ano do ensino médio, ele criou um slogan para o time: "Onze Corações, Uma Meta." A escola apoiou esse slogan, e ele passou a aparecer em camisas, outdoors e propagandas. As pessoas reconheciam o poder por trás dos onze indivíduos que se uniam pela mesma meta. Apesar de serem onze homens diferentes no mesmo time com onze funções diferentes, onze forças diferentes e onze fraquezas diferentes, todos eles pertenciam ao mesmo time. Na camisa deles, havia um nome. Em campo, eles trabalhavam por uma meta. Na partida, eles jogavam a partir da mesma estratégia de jogo. No final, eles dividiam um troféu. Eles eram um grupo de indivíduos que se uniam como um.

Deus é somente um Deus, mas Ele é também três pessoas muito distintas. Quando falamos de Jesus, pensamos nas características divinas que Ele mostrou durante Seu tempo na Terra. Ele era humilde, corajoso, gentil, e compassivo. Deus Pai também pode ter essas características, mas quando pensamos Nele, nos referimos à Sua paternidade e à Sua liderança. Ele é santo, amoroso, justo e soberano. O Espírito Santo está em Sua própria esfera. Nós O conhecemos como o consolador, aquele que capacita, e o misterioso. Cada um deles é bastante único, mas ainda existe apenas um Deus. Eles funcionam em perfeita unidade não porque são todos iguais, mas porque suas diferenças os capacitam a se unirem para completar a plenitude de quem eles são como Um.

O casamento, aquele casamento rendido e comprometido a refletir Deus, irá mostrar a mesma qualidade. Homens e mulheres são muito diferentes. Nós somos muito diferentes mesmo. Quando assistimos a um filme juntos, eu (Robert) fico pasmo com a menina de cinco anos que chora tão verdadeiramente e com o ângulo da câmera que está tão perfeitamente posicionado para que as lágrimas dela reflitam sob as luzes. Debbie, por outro lado, chora com a menininha porque ela se envolve completamente com a história. Nós somos diferentes. Quando fazemos compras, eu (Debbie) adoro olhar, experimentar e admirar. É uma alegria para mim. Robert, por outro lado, tenta bater o recorde de entrar e sair da loja o mais rápido possível. Nós somos diferentes. Para satisfazer as preferências de ambos, uma noite romântica teria que incluir um jantar à luz de velas, seguido por assistir um jogo na telona com uma tigela de pipoca derramada no chão porque pulamos e comemoramos o gol. Nós somos diferentes.

Nossas diferenças e nossa individualidade não devem ser renunciadas a fim de experimentarmos unidade. Na verdade, elas não devem ser sacrificadas. Ao celebrar as diferenças um do outro e usar essas forças e paixões para construir seu casamento, vocês espelham o mesmo tipo de unidade em que a Trindade tem prosperado por todos os tempos. Satanás quer convencer você de que as peculiaridades de seu cônjuge irão apenas enfraquecer seu casamento e que, portanto, você deve fazer tudo que puder para mudar aquela pessoa para ser mais como você. Errado! Escolher a unidade e lutar por unidade através dos desafios de suas diferenças mostra obediência ao chamado que Deus colocou no casamento quando Ele o criou. Vocês se encontrarão numa estrada para um casamento mais abençoado porque juntos estão cumprindo o propósito de representar a Trindade, indivíduos atados como Um devido à Sua singularidade.

NUNCA DIGA: "DESISTO!"

Por fim, o casamento representa a imagem de Deus quando descansamos sob a garantia de compromisso total. Deus Pai, Deus Filho e Deus Espírito Santo nunca irão se separar. Eles nunca irão se divorciar. Eles são totalmente comprometidos um com o outro.

Na passagem de Mateus 19 que vimos antes, Jesus parecia um pouco perturbado porque os fariseus Lhe fizeram uma pergunta sobre tolerar o divórcio. Veja bem, Jesus conhecia o propósito original do casamento; Ele conhecia o plano de Deus de que o homem e a mulher O representariam para o mundo através do casamento. Já que sabia disso, a ideia de que os homens pensavam em representar Deus ao mundo através do divórcio O irritava. Isso comunicaria que Deus quebra alianças, mas Deus não rompe alianças.

> *"Eu odeio o divórcio", diz o Senhor, o Deus de Israel, "e também odeio homem que se cobre de violência como se cobre de roupas", diz o Senhor dos Exércitos. Por isso tenham bom senso; não sejam infiéis.*
>
> *Malaquias 2:16*

Deus odeia o divórcio. Agora, leia isso novamente: Deus odeia o divórcio. Ele não odeia pessoas divorciadas. Ele odeia o divórcio porque ele cobre as pessoas com violência. Deus ama as pessoas e ama o casamento. Ele criou o casamento. Porém, o divórcio nunca foi o plano de Deus para o casamento. A intenção Dele nunca foi que maridos e esposas, filhos e netos tivessem que sofrer com essa agonia.

Se a Bíblia dissesse que Deus odeia batidas de carro, isso não significaria que Ele odiaria pessoas que se envolveram em acidentes de carro. Ele odiaria batidas de carro porque elas machucam as pessoas. Da mesma forma, Ele odeia o divórcio porque Ele ama as pessoas e divórcio as machuca. Deus ama as pessoas e, portanto, odeia o divórcio. Seu plano para o casamento excede de longe aquilo com o que a maioria das pessoas se contenta hoje.

O divórcio não só machuca as pessoas, mas ofende a Deus. Quando um casal entra no casamento aceitando o direito de se divorciar se as coisas derem errado, eles deixam de representar Deus porque Ele é totalmente comprometido com a unidade da Trindade.

Por favor, entenda que quando você decide que o divórcio será uma opção para o seu casamento se o seu cônjuge... (preencha a lacuna você mesmo), você informa a satanás exatamente como atacar seu cônjuge a fim de destruir seu casamento. Nós desafiamos vocês a renovarem seus votos de casamento hoje com um novo fervor. Escolham imitar o exemplo da Trindade, prometendo um ao outro que o divórcio nunca será uma opção. Decida hoje que não importa o que o seu marido fizer, não importa o que a sua esposa fizer, você não escolherá o divórcio. Desarme o diabo. Retire a munição que ele aponta para seu cônjuge. Ao invés, convide a ajuda e a bênção de Deus para o seu casamento para vê-lo sustentado e vitorioso.

Deus confiou a nós o privilégio e a responsabilidade de exemplificar Seu caráter para um mundo que não O compreende. Como indivíduos, carregamos atributos do Pai, de Jesus, ou do Espírito Santo. Porém, como casais casados, podemos dar ao mundo um vislumbre da Trindade: três pessoas únicas, funcionando igualmente sob a liderança do Pai, eternamente comprometidos a ter unidade um com o outro. O Pai, o Filho e o Espírito Santo estão estendendo as mãos a um mundo em agonia. Seu casamento tem uma participação na salvação do mundo! Abordar o relacionamento do seu casamento com esse propósito em mente lhe dará um foco renovado e energia para viver de maneira agradável diante de Deus.

Ao longo dos próximos nove capítulos, queremos compartilhar algumas verdades que Deus tem nos ensinado durante vinte e seis anos de casamento que trouxeram bênção para nossas vidas. Deus quer abençoar seu casamento também porque Ele sabe que um casamento abençoado representará uma imagem mais exata Dele. Abram suas mãos, abram seus corações e recebam o encorajamento que desejamos passar para vocês.

O primeiro milagre de Jesus foi num casamento, transformando água em vinho. A água representa sobrevivência. O vinho representa alegria. Permita que Jesus opere em seu casamento um milagre de transformação que o levará de mera sobrevivência à incrível alegria.

CAPÍTULO DOIS

Tornando-se Um

Deus colocou sobre os casamentos o grande chamado de refleti-Lo, mas como chegamos a uma posição em que podemos fazer isso? Nós temos aprendido que há apenas uma forma de honrar nosso Criador e se tornar um: Ambos de nós têm que morrer.

Agora, por favor, não feche o livro e não desista de nós ainda. Nós sabemos que a morte não era a alternativa pela qual você estava procurando quando escolheu este livro. Porém, pense por um minuto. Se você tem um relacionamento com Deus hoje, você o recebeu através da morte. Jesus morreu por você. A morte Dele lhe deu vida. E você só recebeu a vida que Ele ofereceu porque você escolheu morrer também.

A lógica mundana nos diz que a morte traz apenas tristeza, fim e perda. A morte deve ser lamentada, e não abraçada. É somente quanto temos a visão do Reino que a verdade sobre a morte vem à tona. Assim como a morte de Jesus abriu a porta da vida para milhões que O seguiriam, a sua escolha de morrer abrirá a porta para nova vida em seu casamento.

ABRA A PORTA PARA A BÊNÇÃO

No último capítulo, vimos a conversa de Jesus com alguns fariseus sobre o divórcio. Naquela conversa, Ele fez referência às instruções originais de Deus aos casados dadas logo após Eva ter sido criada a partir da costela de Adão:

Por essa razão, o homem deixará pai e mãe e se unirá à sua mulher, e eles se tornarão uma só carne.

Gênesis 2:24

A frase *"eles se tornarão uma só carne"* é encontrada cinco vezes nas Escrituras. Depois que Deus a criou em Gênesis, Jesus a citou em Mateus 19 e em Marcos 10 para ajudar a esclarecer o objetivo do Pai para o casamento. Em Efésios 5, Paulo se refere a ela em suas instruções aos maridos e esposas. Portanto, nessas quatro citações, a frase *"eles se tornarão uma só carne"* se aplica ao relacionamento conjugal.

O quinto uso dessa frase traz um significado que não estávamos esperando. Em 1 Coríntios 6:16, Paulo diz:

Vocês não sabem que aquele que se une a uma prostituta é um corpo com ela? Pois, como está escrito: "Os dois serão uma só carne".

Nas outras quatro passagens, as duas frases *"se tornarão uma só carne"* destacavam a unidade de um casal casado. Aqui porém, *"os dois serão uma só carne"* desloca o foco da unidade para a carne. Paulo aponta que quando um homem faz sexo com uma prostituta, ele se torna uma só carne com ela.

Isso incomoda você? Até agora, vimos o tornar-se uma só carne como um símbolo significativo da unidade divina, mas aqui isso foi barateado. O sexo torna o marido e a mulher uma só carne, mas torna um marido e uma prostituta uma só carne também.

Vamos continuar lendo. O versículo seguinte diz:

Mas aquele que se une ao Senhor é um espírito com Ele.

versículo 17

Como um filho de Deus, você tem um relacionamento íntimo com o Senhor. Seu relacionamento com Ele não é físico, mas espiritual. Você uniu seu espírito ao Dele para se tornar um com Ele. Querido casal, esse é um grande chamado do casamento também.

Se vocês estão casados há mais de uma semana, sabem que se unir fisicamente não lhes dá um casamento bem-sucedido. O sexo não é a chave para a unidade! Tornar-se um espírito, no entanto, é!

Então, como você se tornou um espírito com o Senhor? Nós já dissemos isso, você morreu. Você morreu para a sua vontade, para os seus desejos e para o seu jeito de fazer as coisas. Portanto, como você pode se tornar um só espírito com seu cônjuge? Você morre. A fim de ter um casamento bem-sucedido, ambos devem morrer. Devem ser capazes de dizer: "Eu vou morrer para que você possa viver". Isso significa que você morre para a sua agenda. Você cede sua preferência. Você desce do primeiro lugar e coloca seu cônjuge lá no seu lugar.

Como seria se você unisse seu espírito ao espírito do seu cônjuge e ambos se unissem ao Espírito de Deus, e vocês três se movessem na mesma direção, unidos com o mesmo propósito? Você acha que pareceria um casamento bem-sucedido? Pode apostar que sim!

Devido ao nosso papel no ministério, temos tido a oportunidade de aconselhar muitos casais. Nós descobrimos algo após horas e horas de escuta e aconselhamento: o problema com o aconselhamento para casais hoje é que estamos aconselhando pessoas vivas. O aconselhamento sequer seria necessário se tanto o marido como a esposa simplesmente morressem. Nunca conhecemos um casal com um problema de casamento que não pudesse ser resolvido com essa terapia. Quando um marido decide morrer por sua esposa e uma esposa decide morrer pelo seu marido, todos os problemas são resolvidos.

Você sabia que Deus criou o casamento para ajudar você a morrer? Ele não lhe deu seu cônjuge para que você pudesse ser feliz e apaixonado e envelhecesse com ele ou ela. O maior desejo Dele para você é que você morra para si mesmo. Por quê? Porque a Bíblia nos diz que o plano de Deus para nossas vidas é que nos tornemos como Jesus. Quando você morre para si mesmo e vive para o seu cônjuge, você se parece como Jesus. E, a propósito, você é feliz e apaixonado também!

Como crentes, o que acontece quando nosso corpo morre? Nós vamos para o Céu. Bem, advinha. A mesma coisa acontece em nossos casamentos quando morremos – nós vamos para o Céu. O casamento se torna o Céu na Terra quando morremos para nós mesmos. O Céu é o Céu porque é uma comunidade de pessoas que agem como Jesus. Seu lar poderia ser o mesmo tipo de lugar: duas pessoas vivendo como Jesus, desfrutando da felicidade do Céu na Terra.

O CASAMENTO NÃO É UM CONTRATO

A sociedade norte-americana é uma sociedade de contratos. Quando arranjamos um emprego, assinamos um contrato de trabalho. Quando compramos uma casa, assinamos uma hipoteca. Quando compramos um carro, assinamos um financiamento. O objetivo de todo contrato é proteger seus direitos e limitar suas responsabilidades. Um contrato estabelece as fronteiras dentro das quais somos obrigados a atuar, mas também estabelece expectativas sobre a outra parte e nos providencia uma saída caso as cláusulas contratuais não sejam cumpridas.

Como americanos, estamos tão acostumados a assinar contratos que temos trazido o espírito de contrato para nossos casamentos. Embora não haja nenhum documento legal que o marido e esposa assinem no dia de seu casamento que estabeleça parâmetros e expectativas específicos, você pode ter a certeza de que o contrato permanece firme em suas mentes e seus corações. A maioria das atitudes dentro de casa são parecidas com o seguinte: "Não peça muito de mim. Eu ainda tenho o direito de ser eu mesmo, e eu não irei desistir da minha vida. Se esse casamento requer mais do que estou disposto a dar, cairei fora daqui".

Casamentos não podem sobreviver com um espírito de contrato. Eles irão sem dúvida acabar em divórcio. Se Jesus é o nosso exemplo de como devemos tratar nossos cônjuges, devemos nos chegar a eles com a mesma atitude de Jesus. Filipenses 2:5-8 pinta uma bela ilustração do exemplo de Jesus:

Seja a atitude de vocês a mesma de Cristo Jesus, que, embora sendo Deus, não considerou que o ser igual a Deus era algo a que devia apegar-se; mas esvaziou-se a si mesmo, vindo a ser servo, tornando-se semelhante aos homens. E, sendo encontrado em forma humana, humilhou-se a si mesmo e foi obediente até a morte, e morte de cruz!

Jesus veio em humildade, com o desejo de servir. Sua motivação não estava no que Ele merecia, mas no que seria necessário para tornar possível o relacionamento com a Sua noiva. O necessário era a Sua própria vida. Jesus veio para fazer uma aliança conosco, não para assinar um contrato.

Para se livrar do espírito de contrato, você deve estar disposto a renunciar aos seus direitos. Quando você era solteiro, cuidava de si mesmo e guardava para si tudo que era precioso e valioso. Como indivíduos, protegemos nossos direitos de prioridade, de propriedade, e de privacidade. A fim de se tornar um, você tem que renunciar a esses direitos.

CUIDANDO DO NÚMERO UM

O primeiro passo para libertar seu cônjuge do espírito de contrato é renunciar ao seu direito de prioridade. Você não pode mais ser a pessoa mais importante da sua vida. Você não pode mais buscar satisfazer suas necessidades primeiro. Você deve rebaixar de posto qualquer coisa na sua vida que seja mais importante para você do que seu cônjuge. Basicamente, essa é a promessa que você deve fazer: "Eu dou a você o direito de ser a primeira prioridade na minha vida e de desistir de qualquer coisa que você considere concorrência".

Em Gênesis 2:24, quando Deus viu Adão e Eva juntos e disse: *"Por essa razão, o homem deixará pai e mãe e se unirá à sua mulher, e eles se tornarão uma só carne"*, Ele não estava falando com Adão e Eva. Eles sequer sabiam o que um pai e uma mãe eram! Deus queria que nós soubéssemos que quando casamos, devemos deixar o relacionamento mais importante da nossa vida e elevar nosso cônjuge a essa posição.

O que tem prioridade na sua vida agora? O que o seu cônjuge acha que tem prioridade na sua vida? Do que você está disposto a abrir mão a fim de alcançar a unidade que você precisa para experimentar o Céu na Terra? Renunciar ao seu direito de prioridade é o primeiro passo essencial para levar bênção ao seu lar.

O QUE É MEU É SEU

O segundo direito ao qual você deve renunciar em seu casamento é o direito de propriedade. Não existe "meu"; existe apenas "nosso". Pessoas egoístas não podem ter um casamento bem-sucedido. Nunca funcionará. A atitude do "meu" e "seu" constrói uma parede entre vocês, e os dois não podem se tornar um se existe uma parede entre eles.

A propriedade se aplica a mais áreas da sua vida do que você possa imaginar. É claro, aplica-se a dinheiro e a bens materiais. Mulheres que pensam: "o que ele ganha é nosso, mas o que eu ganho é meu", ainda não renunciaram ao seu direito de propriedade. Homens que isolam suas coisas num canto da garagem com uma placa chamativa dizendo: "Não Mexa!" ainda não renunciaram ao seu direito de posse.

No entanto, renunciar ao direito de propriedade vai além do material. Uma coisa da qual todos nós somos donos é o nosso corpo, e muitas vezes nós nos apegamos até a morte ao nosso direito sobre ele. 1 Coríntios 7:4 diz:

A mulher não tem autoridade sobre o seu próprio corpo, mas sim o marido. Da mesma forma, o marido não tem autoridade sobre o seu próprio corpo, mas sim a mulher.

Homens, tenho certeza de que vocês estão dizendo: "Ela pode ter autoridade sobre este corpo a qualquer hora que quiser!" Tudo bem então, levantem do sofá e vão jogar o lixo fora como ela já lhe pediu umas cem vezes. Se ela é a dona do seu corpo, vá cortar a grama, abra a tampa do pote, e pegue o que está na prateleira mais alta. Seu corpo não é dela somente na cama, é dela quando ela precisa de uma mão extra, de uma pequena ajuda, ou de músculos mais fortes. Você pertence a ela.

Mulheres, vocês estão gritando "Amém!"? Bem, antes de ficarem animadas demais, lembrem-se de que o versículo é recíproco. Seu corpo também não é de vocês. Talvez seu marido não precise que você jogue o lixo fora ou dê um pulinho na padaria, mas ele com certeza precisa do seu corpo. Os homens têm necessidade de sexo. Eles não têm meramente um desejo ou uma ânsia por sexo, eles têm uma necessidade. Na verdade, as pesquisas mostram que o sexo é uma das maiores necessidades do homem, chegando atrás apenas da honra. Quando seu marido precisa do seu corpo, ele não é seu para você poder negar. Você deve renunciar ao direito ao seu corpo e dar prioridade ao desejo dele. Renuncie ao direito de propriedade. O que é meu é seu.

UM LIVRO ABERTO

O último direito ao qual você deve estar disposto a renunciar é o seu direito de privacidade. Após dizer "Aceito", não há nada em seu passado, nada em seu armário, nada em seu futuro a que seu cônjuge dever ser restrito. Você deve dar a ele direito a livre e desimpedido acesso a todo aspecto da sua vida, inclusive o direito de reclamar ou de confrontar você sobre qualquer assunto sem medo de retaliação.

Antes de o pecado entrar no mundo, Adão e Eva *"viviam nus, e não sentiam vergonha"* (Gn 2:25). Ocultar só trará vergonha. O casamento deve ser um lugar de aceitação e de encorajamento. Deve ser um refúgio onde cada um possa chegar como é, com seu passado e suas esperanças, e encontrar um abraço amoroso sem perguntas a serem feitas. Com um santuário como esse para o qual se retirar, o casamento pode alcançar a intimidade que Deus planejou.

É possível ter um lugar de refúgio somente se as duas partes concordarem em renunciar às suas insensibilidades e inseguranças.

Se seu cônjuge é verdadeiramente a sua prioridade, você buscará se comunicar com ele ou ela de maneira gentil, paciente e complacente. Quando seu marido (ou sua esposa) fala com você ou lhe responde de uma forma que parece hostil, escolha confiar no coração de amor dele (ou dela) para com você e peça esclarecimento. Não permita que satanás roube de vocês o doce presente da intimidade. Renuncie ao seu direito de privacidade e abracem um ao outro com o mais alto favor.

O CASAMENTO É UMA ALIANÇA

Jesus veio, renunciando ao Seu direito de ser louvado por toda a criação, submetendo-Se ao plano do Pai para Sua crucificação e revelando Seu coração de amor ao mundo. Porém, ainda mais que isso, Jesus tomou sobre Si nossas responsabilidades. Todos nós éramos responsáveis por nossos próprios pecados e enfrentávamos julgamento que garantia a nossa separação de Deus. Jesus veio para tomar essas responsabilidades e carregá-las por nós. Ele pagou pelos nossos pecados e recebeu o julgamento em nosso lugar. Veja, Jesus não veio para cumprir um contrato; Ele veio para fazer uma aliança.

"Aliança" significa "cortar". Jesus foi ferido por nós, e Seu sacrifício nos disse que Ele não só desistiu de todos os Seus direitos por nós, mas também tomou sobre Si todas as nossas responsabilidades. Você está disposto a ser ferido pela sua esposa? Deus criou o casamento para ser uma aliança. Quando Ele criou Eva, Ele literalmente cortou o lado de Adão, pegou uma costela e a criou a partir dele. Uma aliança foi cortada. Entrar em seu casamento com um espírito de aliança diz: "Eu irei abrir mão de todos os meus direitos a fim de satisfazer suas necessidades, a ponto de morrer. Eu também irei assumir grande responsabilidade pelo sucesso do nosso casamento".

Num contrato, você fica livre da obrigação se a outra parte não cumpre o acordo. Numa aliança, porém, você se compromete a levar toda a responsabilidade, então não importa o que seu cônjuge faça, não existe saída. Toda a responsabilidade é sua. Uma aliança é irrevogável, incondicional e inquebrável. Jesus não pode ter de volta Seu sangue derramado na Cruz. Deus nunca volta atrás em Suas promessas. Não faz parte de Seu caráter quebrar qualquer aliança. Como nosso casamento reflete Deus, nós também devemos nos comprometer com a aliança que fazemos com nosso cônjuge. Isso não só significa renunciar a todos os nossos direitos, mas também significa assumir algumas responsabilidades específicas que alimentam o relacionamento e o tornam duradouro.

O MAIOR DELES É O AMOR

Acima de tudo, quando você faz uma aliança com o seu cônjuge, você está se comprometendo a assumir a responsabilidade de amar. Porque Deus é amor e porque você recebeu o amor Dele através de Jesus, você deve amar com o amor de Cristo. Falando de forma prática, você tem que aprender a amar de acordo com o padrão de Cristo, não importa o que aconteça. E quando você falhar em alcançar esse padrão (e você certamente irá falhar), você se compromete a nunca justificar seu comportamento.

Por que isso é tão difícil? É o "não importa o que aconteça" que torna isso desafiador. Nós escolhemos amar um ao outro não importa com qual humor estejamos, não importa as circunstâncias, não importa a resposta, não importa como nos sentimos. Aconteça o que acontecer! Nós não estamos acostumados com esse tipo de amor, bem, pelo menos não a dar esse tipo de amor. Jesus ama cada um de nós exatamente assim todos os dias, e nós recebemos isso livremente. Porém, na hora em que devemos dar esse amor livremente, nós reclamamos que é um fardo muito pesado.

Geralmente, escolhemos amar quando a outra pessoa está agindo da forma que gostamos, ou quando nos sentimos especialmente seguros e amados, ou quando queremos que a outra pessoa faça algo por nós. Esse não é o amor que Jesus modelou. Esse é o modelo mundano de amor que consequentemente nem é amor verdadeiro. O amor mundano é na verdade um amor próprio. Amar a si mesmo não é assumir a responsabilidade do outro. É não abrir mão dos seus próprios direitos.

Por exemplo, maridos, vocês já tiveram essa conversa em sua cabeça? "Ela quer que eu faça o que por ela? Como ela espera que eu me esforce se ela me trata com tanto desrespeito? Quero dizer, ela sequer reconhece que eu trabalho duro todos os dias para dar essa vida a ela. O dia em que eu fizer isso por ela será o dia em que ela me der um pouco reconhecimento".

E quanto a vocês, esposas? Isso lhes soa familiar? "Se ele me tocar mais uma vez... Será que ele não vê a raiva no meu rosto? Quero dizer, ele entra aqui, ignorando as crianças, senta em frente à TV sem sequer perguntar: 'como foi o seu dia?' e depois quer que eu caia nos braços dele quando as luzes se apagam. Bem, ele pode esquecer isso!"

Maridos, esposas, Deus não os coloca responsáveis pela forma como seu cônjuge trata vocês, mas Ele exigirá que vocês prestem contas sobre como vocês o tratam. A aliança se compromete com o amor não importa o que aconteça, em ação ou reação, em palavra, em feitos, ou em pensamento.

ALCANCE AS ESTRELAS

Deus tem um plano maravilhoso para o seu cônjuge. Ele presenteou cada um de vocês com talentos incríveis e deu sonhos a ambos para causarem um impacto neste mundo. Quando você entra numa aliança de casamento, assume a responsabilidade de fazer todo o possível para ajudar o outro a alcançar seu maior potencial e realizar a perfeita vontade de Deus. Você se torna parceiro de Deus em ver os sonhos da pessoa amada realizados.

Deus projetou o homem para alcançar seu potencial com a ajuda de uma mulher. E Ele projetou a mulher para alcançar seu potencial com a ajuda de um homem. Os não crentes não entenderão isso, mas é verdade. As feministas, especialmente, acharão isso ofensivo. Desde a queda da humanidade, os homens têm tratado mal as mulheres. Não mais dispostas a aguentar o mau tratamento, as mulheres pararam de confiar nos homens para cuidarem delas. Elas começaram a ensinar às suas filhas que os homens iriam desapontálas, então seria melhor que elas aprendessem a sobreviver sem nenhuma ajuda. É compreensível que as mulheres tenham chegado a tais conclusões, mas isso não torna essas conclusões corretas. Se os homens começassem a amar as mulheres como Cristo ama a Igreja, se eles começassem a honrá-las e motivá-las a alcançarem todo seu potencial, as mulheres iriam se desarmar, e o movimento feminista se dissolveria.

Quando você estiver diante de Deus e prestar conta sobre sua vida, Ele irá lhe perguntar o que você fez com o presente mais precioso que Ele já lhe deu. Você será responsável pelo sucesso do seu marido ou da sua esposa. O que você terá a dizer? Seu destino não tem só a ver com o que você faz e no que você se tornará. O que o seu cônjuge se torna impacta o seu destino também. Seja uma bênção. Enquanto seu marido tenta alcançar as estrelas, encoraje-o. Enquanto sua esposa sobe os degraus do sucesso, dê a ela um impulso.

VIVA PELA PALAVRA

Muitas mulheres na Igreja desprezam Efésios 5 porque ordena que elas se submetam aos seus maridos. Até mesmo a mulher cristã mais forte já teve dificuldades com essa ordem. Os homens podem ajudar suas mulheres a entenderem e viverem de acordo com esse padrão lendo alguns versículos anteriores e compartilhando a sua humildade. Antes de ordenar que as mulheres se submetam, Paulo desafia a todos os crentes: *"...deixem-se encher pelo Espírito... Sujeitem-se uns aos outros, por temor a Cristo"* (Ef 5:18,21). A terceira responsabilidade que devemos estar dispostos a assumir no casamento é a de nos submetermos uns aos outros. Você deve dizer à sua esposa: *"Eu assumo a responsabilidade de servir a você submetendo minha vida primeiramente ao Senhorio de Jesus Cristo e me rendendo à Sua Palavra como o padrão para a minha vida e para o nosso casamento e para a nossa família"*. O casamento deve ser mutuamente submisso, já que vocês se submetem primeiramente a Deus e então se comprometem a servir um ao outro.

Todo relacionamento passará por conflito. A prova para um casamento de aliança é o que você faz com esse conflito. Tem sido estimado que menos de um terço dos casais cristãos usam a Bíblia para resolver conflitos. Isso significa que menos de um entre cada três casamentos cristãos contam com a Palavra de Deus para resolver suas diferenças. Como cristãos, dizemos que acreditamos que a Bíblia é a fonte da verdade e que contém direção aplicável às nossas vidas, mas quando nos desentendemos, será que recorremos a ela?

Jesus nos disse que o maior mandamento é amar a Deus e o segundo maior mandamento é amar os outros como amamos a nós mesmos. A Bíblia diz aos maridos para amarem suas esposas como Cristo ama a Igreja e diz às esposas para respeitarem seus maridos como o cabeça do lar. Essas são diretrizes muito claras na Bíblia que poderiam resolver muitas discussões na mesma hora. A Bíblia está cheia de sabedoria esperando para ser testada e provada como válida em nossas vidas. Quando nos encontrarmos em lados diferentes da cerca sobre um assunto, nós temos apenas que ir à Palavra de Deus.

Uma pessoa comprometida com um casamento de contrato entraria numa briga para provar que está certa. Num casamento de aliança, porém, o direito de prioridade já foi renunciado, enquanto as responsabilidades de amar, honrar e se submeter foram assumidas. Os conflitos devem conduzir você a descobrir o que Deus diz ser melhor para o seu casamento. Se você teme que abordar o conflito de maneira passiva irá torná-lo um capacho, lembre-se de quem é o seu defensor. Jesus está comprometido com você. Ele quer fazer com que todas as coisas cooperem para o seu bem. Mas se você intervém e tenta tornar tudo melhor na sua vida ou na vida do seu cônjuge, você rouba de Jesus essa oportunidade. Somente Ele pode mudar o seu cônjuge. Somente Ele pode mudar você. Quando nos comprometemos à submissão em nosso casamento, damos a Ele o controle. Quando Ele está no volante do nosso casamento, podemos confiar que Ele irá nos dirigir a lugares que apenas a sabedoria e a bênção podem acessar.

Nós compreendemos que você e seu cônjuge talvez não estejam loucos por essa ideia de morrer para si mesmo e viver em aliança. É bem possível que vocês precisem dar um passo de fé em obediência para se tornarem o tipo de marido e esposa que devem ser a fim de salvarem seu casamento. Toda aliança tem que ter um redentor. *O redentor é a pessoa que morre primeiro.* Jesus foi nosso Redentor. Romanos 5:8 diz:

> *Mas Deus demonstra seu amor por nós: Cristo morreu em nosso favor quando ainda éramos pecadores.*

Jesus morreu por nós antes de morrermos para o nosso pecado. Ele morreu primeiro e nos redimiu de nosso egoísmo!

Seu relacionamento precisa de um redentor. Você está disposto a morrer primeiro? Você renunciará aos seus direitos e assumirá as responsabilidades da outra pessoa? Se você está num casamento ruim, comprometa-se a ser o redentor. Comprometa-se a fazer a sua parte ainda que a outra pessoa não faça a dela. Conduza o espírito de aliança ao seu casamento, e expulse o espírito de contrato. Faça a coisa certa não importa o que aconteça, e Deus abençoará você!

Eu (Robert) me lembro de outra *discussão* que Debbie e eu tivemos alguns anos atrás. Havia chegado a um ponto muito além do que deveria. Nós estávamos discutindo e, de alguma forma, no meio daquilo eu ouvi Deus falar. Ele disse: *"Cale a boca"*. Por favor, não fique ofendido porque Deus fala comigo dessa forma; Ele só é tão abrupto porque eu sou muito cabeça dura. Enfim, Ele me disse para calar a boca, e é claro que eu respondi com: "Mas, mas, mas". Ele disse de novo: *"Cale a boca."* Eu argumentei: "Mas, Deus, eu estou certo!" Eu nunca esquecerei a resposta Dele: *"Você quer estar certo, ou quer ficar bem com a Debbie?"*

Abra mão dos direitos de prioridade, de posse e de privacidade. Assuma as responsabilidades do amor, da honra, e da submissão. Comece a viver a aliança do casamento ao morrer para si mesmo. Nada justifica um marido que não é amoroso, e nada justifica uma esposa que não honra ao seu marido. Se você tem um casamento ruim, coloque remédio nele, não sal. Um marido amoroso é capaz de curar uma esposa que não o honra. Uma esposa que honra é capaz de curar um marido que não é amoroso. Confie em Deus para levar seu casamento a um lugar de morte para que seu lar possa se tornar o lugar de habitação de Cristo.

O que espera um crente após a sua morte é o paraíso. O que espera um crente após a sua morte no casamento é o Céu na Terra.

Não Há Nada de Errado em Ser Forte!

Mensagem de Robert aos Homens

CAPÍTULO TRÊS

Recorra à Fonte

Este livro é intimidador. Toda essa conversa de se parecer com Deus e morrer para si é assustadora. Vamos encarar, quem é realmente capaz de cumprir expectativas altas como essas? Bem, se existe uma coisa que eu sei sobre os homens é que nós amamos um desafio. Acredito que embora o pensamento de mudar e morrer talvez o assuste bastante, você pode vencer o desafio. Deus não armou uma armadilha para que você falhasse! Aliás, Ele quer tão intensamente que você tenha sucesso no seu casamento que lhe deu todos os recursos que você precisa para conseguir: a instrução de Sua Palavra, a capacidade através do Seu Espírito e a confiança em Suas promessas.

Josué sabia muito bem o que era carregar uma grande responsabilidade. Ele foi encarregado de conduzir Israel até a Terra Prometida. Isso sim é uma tarefa intimidadora. Israel era uma tribo nômade de ninguéns entrando num território ocupado por gigantes, protegido por guerreiros poderosos e habitado por nações fortes e estabelecidas. Deus havia dito a Israel que essa terra seria deles, mas teriam que lutar por ela.

Antes de Moisés morrer, ele passou o manto da liderança para Josué. Ele ordenou três vezes que Josué fosse forte (Dt 31:6-8). Depois que Moisés morreu, o Próprio Deus veio a Josué com a mesma mensagem, dizendo a ele mais três vezes: *"Seja forte e corajoso..."* (Js 1:6-9). Quando Josué se colocou diante do povo pela primeira vez como líder, eles afirmaram o chamado sobre a vida dele, *"Assim como obedecemos totalmente a Moisés, também obedeceremos a você"* e ele ouviu novamente: *"Somente seja forte e corajoso!"* (Js 1:17-18). Se eu fosse Josué, eu acho que eu teria saído correndo dali! Sete exortações para ser forte! Com o que ele estava se comprometendo? Obviamente, se Josué quisesse liderar Israel à vitória, ele teria que ser forte.

Espera-se que os homens sejam fortes, não fortes de maneira máscula, dominadora e musculosa, mas fortes como Jesus. Nós devemos ser fortes em caráter, em convicção, em maturidade e em humildade. A sociedade talvez nos diga que um líder forte irá usar suas garras, escalar e manipular para chegar ao topo. Porém, o exemplo de Jesus mostra que é preciso um homem mais forte para nadar contra as correntes da cultura popular e escolher seguir a Deus.

Pouco antes de o Rei Davi morrer, ele disse algumas palavras de encorajamento muito fortes ao seu filho Salomão:

> *Por isso, seja forte e seja homem. Obedeça ao que o Senhor, o seu Deus, exige: Ande nos Seus caminhos e obedeça aos Seus decretos, aos Seus mandamentos, às Suas ordenanças e aos Seus testemunhos.*
>
> 1 *Reis 2:2-3*

Você quer provar que é homem? Seja forte em Deus. Obedeça e se submeta aos Seus caminhos.

Pedro descreve a mulher como *"vaso mais fraco"* (1 Pe 3:7 - ACF) insinuando que nós homens precisamos ser fortes. Permita que eu lhe dê outra palavra para forte: manso. As mulheres são os vasos mais fracos e os homens devem ser os vasos mais mansos. Mansidão é a força sob controle. A raiz da palavra "manso" no grego significa a ação de colocar um freio na boca de um cavalo. O cavalo é um animal forte, e colocar um freio em sua boca não esgota sua força. O freio doma a força para que ela possa ser direcionada. Do mesmo modo, Deus quer canalizar a sua força, e não retirá-la de você. De fato, Ele quer derramar o poder Dele sobre aquelas áreas em que você é fraco. Para que sua força atinja seu potencial máximo, ela deve ser domada, colocada sob controle. Como um líder manso, você possui a força requerida para dirigir sua família e o controle necessário para direcioná-la a Deus.

FORTE EM ESPÍRITO

Ele é o Deus que me reveste de força e torna perfeito o meu caminho.
Torna os meus pés ágeis como os da corça, sustenta-me firme nas alturas.
Ele treina as minhas mãos para a batalha e os meus braços para vergar um arco de bronze.

Salmos 18:32-34

Davi era poderoso na batalha, ele era o cara. Mulheres dança-vam e cantavam sobre ele: *"Saul matou milhares, e Davi, dezenas de milhares"* (1 Samuel 18:7). A reputação dele o precedia em todo Israel e além. Apesar de suas ações serem heroicas e de o povo lou-vá-lo abundantemente, ele se recusou a se apropriar da glória para si mesmo. Ele sabia qual era a razão de seu sucesso. Em seu coração, sabia que era apenas um jovem pastor a quem Deus havia concedido Seu favor. Davi sabia que sem Deus ele não seria nada.

Lembra-se do primeiro capítulo quando nos referimos à Trindade como tendo igualdade com liderança? Assim como Deus Pai é o cabeça da Trindade e ainda assim é igual ao Filho e ao Espírito, você deveria ser assim com sua esposa. Você lembra qual é o significado de "cabeça"? É fonte. Você é a nascente que se posiciona debaixo da sua esposa para lançá-la para cima. Essa é uma responsabilidade exigente, que requer força e persistência. Felizmente, nós não somos deixados sem uma fonte. Em 1 Coríntios 11:3, a Palavra diz: *"o cabeça de todo homem é Cristo, e o cabeça da mulher é o homem"*. Jesus é a nossa fonte. Ele quer se colocar debaixo de nós e nos lançar para cima. Nele, nós temos tudo que precisamos para ser a fonte para nossas esposas.

Agora, aqui está o porém. Para que Jesus seja sua fonte e sua força, você tem que conhecê-Lo. Você não pode simplesmente saber sobre Ele, você tem que ir ao profundo com Ele. Em algum ponto ao longo do caminho, os homens na igreja se convenceram de que é efeminado ser íntimo de seu Salvador. É por isso que alguns homens congelam como blocos de gelo durante a parte da adoração de um culto.

Explica-me o seguinte: Por que os homens ficam parados como zumbis na igreja no domingo de manhã e ficam descontrolados no domingo à tarde durante o jogo de futebol? Vamos pensar sobre isso. Onze homens comprometem suas vidas a um jogo em que seu único objetivo é colocar a bola dentro do gol. Esses onze homens praticam todos os dias durante horas, trabalhando duro e suando. Então, uma vez por semana, entram num avião para viajar a um lugar distante a fim de encontrar outros onze homens que irão tentar impedi-los de colocar aquela preciosa bola no gol. E aí, entre cinquenta e setenta mil homens se reúnem para assistir a esses 22 jogadores se enfrentarem. E o que esses homens fazem quando seu time coloca a bola dentro do gol? Eles pulam, jogam as mãos para o alto, gritam, batem palmas e dançam. Você sabe que isso é verdade porque já fez isso. Eu sei porque eu já fiz isso!

Embora não haja nada de errado com entusiasmo nos esportes, isso deveria fazer com que examinemos a nossa adoração mais de perto. Na Bíblia, a adoração não é uma atividade passiva. Somos instruídos a bater palmas e cantar (Salmos 47:1) e a levantar nossas mãos para bendizer o Senhor (Salmos 134:2). Se podemos fazer isso pela Seleção Brasileira, por que não podemos fazer isso por Aquele que morreu por nós?

Os homens deveriam ser os maiores adoradores na igreja, não as mulheres. A igreja tem tido muitas mães e poucos pais durante anos. A mãe alimenta e cuida; o pai chama você para o seu destino. Hoje, temos muitos homens fracos na igreja porque receberam todo o alimento sem a instrução. Esses homens não adoram porque nenhum homem jamais lhes mostrou a força de louvar a Deus.

Deus diz que Ele habita em meio aos louvores de Seu povo (Salmos 22:3 - ACF). Se você quer que Deus seja presente e ativo em seu lar, adore-O. Ele está apenas esperando pelo convite. E quando a música começar na igreja, espero que você vire para pessoa ao seu lado e diga: "Com licença, estou prestes a explodir de emoção. Talvez você queira chegar um pouquinho para o lado senão poderá se machucar." Vamos ser extravagantes no louvor ao nosso Senhor.

Eu já mencionei como o Rei Davi era um grande guerreiro. Ele matou um leão e um urso com suas próprias mãos. Uma pedra do estilingue de Davi derrubou Golias! Para ganhar sua esposa, ele matou duzentos homens em batalha. Davi era o cara, mas era também um adorador extravagante. Ele não tinha vergonha de dançar na frente dos outros enquanto adorava. Já que era seguro em sua masculinidade, Davi nunca se continha quando adorava. Ele louvava a Deus com todo seu coração e toda sua força.

Irmãos, um bom casamento dá trabalho, e muita da responsabilidade cai sobre os seus ombros. Minha oração é que você siga o exemplo de Davi e recorra a Deus para armá-lo com a força que você precisa para cumprir o desafio, e a persistência que precisa para passar por todos os dez rounds. Passe tempo em adoração, conectando-se com o coração do Pai para que a força Dele fortaleça o seu relacionamento com a sua esposa e os seus filhos.

FORTE DE JOELHOS

As mulheres adoram caçoar dos homens quando eles se recusam a parar e pedir informação. Elas simplesmente não entendem. Quero dizer, eu posso me atrasar por três horas, mas irei encontrar o lugar sozinho. Isso é uma questão de honra! Um homem sabe ler um mapa. Um homem possui um sentido inato de direção. Um homem nunca deveria precisar pedir para outro homem o que ele já sabe fazer. Nunca se admite derrota a um soldado companheiro.

Essa atitude pode até ser tolerável quando estamos tentando chegar a um restaurante novo, mas quando tem a ver com pedir direção a Deus, prepare-se para se humilhar. O orgulho é o oposto da oração. O orgulho diz: "Eu posso fazer isso sozinho". A oração diz: "Não tem como eu fazer isso sozinho". A verdade é que você não pode lidar com seu casamento sozinho. Sua esposa é misteriosa demais, e satanás é perverso demais. Pare de ver a oração como fraqueza; veja-a como fortalecimento. Deus honra a nossa fé quando vamos até Ele com nossas necessidades, e você saberá que pode fazer mais pela sua família através da oração do que através de qualquer tentativa que fizer com sua própria força.

Você deve ser o intercessor chefe do seu lar. Mesmo se a sua esposa tiver o dom da oração, você ainda tem mais autoridade em oração do que ela quando diz respeito à sua família. Como o cabeça, a fonte, Deus quer canalizar bênçãos através de você. Busque essas bênçãos consistentemente e fervorosamente em oração.

Todo ano, Deus me dá um presente especial. Cerca de vinte anos atrás, Debbie e eu começamos a dar presentes extravagantes a Deus no Natal. Sentíamo-nos convencidos que se dávamos presentes de Natal para todo mundo, por que não dar um presente a Jesus em Seu aniversário? Então, começamos a dar um presente extravagante todo mês de dezembro. Bem, quando comecei a fazer isso, Deus veio até mim e disse: *Eu gostaria de lhe dar um presente também. Todo ano, peça-Me algo grande. Faça dele seu pedido de oração durante o ano, e permita que Eu o abençoe"* Eu fiquei boquiaberto, mas não recusei Sua oferta.

Num determinado ano, Deus me perguntou o que eu queria e eu disse a Ele que queria muito ver meus filhos se apaixonarem por Jesus. Eu orei por isso todos os dias. Deus é tão bom. Naquele ano, meus filhos se apaixonaram por Jesus! Meu filho mais velho começou a vir até mim e dizer coisas como: "Pai, você sabia que a Bíblia realmente é muito boa?" Eu respondia: "É mesmo? Uau, eu não sabia disso, filho. Nunca a li". Não, na verdade eu dizia: "Sim, sim, ela é, filho". E ele compartilhava como estava aprendendo a viver a Bíblia todos os dias porque ela é muito prática. Comecei a observá-lo em adoração e percebi que ele estava se apaixonando por Jesus. Meu filho do meio tinha quinze anos de idade naquele ano, e aceitou a Cristo como seu Salvador. Ele havia feito uma profissão de fé aos cinco anos, mas era claro para mim que ele realmente precisava ser radicalmente salvo e, naquele ano, ele foi. Minha filha era nova, mas eu vi aquilo na vida dela também. Ela se apaixonou por Jesus. Deus trabalhou poderosamente nas vidas dos meus filhos em resposta às minhas orações por eles. Esse foi o presente mais precioso que eu recebi naquele ano, e eu creio que foi um presente precioso para os meus filhos também.

E quanto aos seus filhos? Eles estão sendo rebeldes? Eles estão aprisionados por um pecado que está devastando suas vidas? As atitudes deles com você exalam desrespeito? Eles estão sofrendo durante a sua adolescência, inseguros e solitários? Ore por eles. Eles nem sempre virão até você pedir ajuda, mas isso não significa que você não possa ser o maior aliado deles na Terra. Edifique-os e assista ao Pai fazer coisas incríveis na vida deles.

Faça o mesmo pela sua esposa também. Existem atitudes e hábitos na vida dela que você sabe que desonram a Deus? Ela tem um potencial não aproveitado devido à timidez ou a oportunidades perdidas? Talvez ela apenas tenha uma agenda cheia que a deixa exausta diariamente e precisa de energia extra e motivação. Seja lá o que ela precisa, você é a fonte dela; comece a interceder a favor dela diante Daquele que a pode curar, que pode prover, que pode ajudá-la e encorajá-la.

Um aviso: Esteja ciente de que as respostas de Deus às suas orações pela sua família podem não ser o que você espera. Saiba que enquanto você ora por ela, Deus pode simplesmente mudar *você* e mostrar a *você* como ser a resposta que a sua família está procurando. Lembre-se, você é o representante Dele em seu lar, então muitas vezes você será o próprio funil pelo qual Ele canaliza Suas bênçãos. Por exemplo, talvez a baixa autoestima do seu filho seja curada quando você passar tempo extra com ele e lhe disser palavras de encorajamento. Talvez a agenda agitada da sua esposa possa ser aliviada se você providenciar uma faxineira para limpar a casa uma vez por semana. Às vezes, Ele agirá sem nenhuma ação sua e resolverá a questão; mas, enquanto você ora, esteja aberto para permitir que Deus o use nas vidas da sua família. Se você é o problema, permita que Ele o conserte. Se você não for o problema, permita que Ele o use.

FORTE NA LIDERANÇA

John Maxwell nos ensina que "liderar é influenciar"[1]. Chamado para ser um líder em sua casa, você foi chamado para influenciar sua família. Ao ser forte em adoração, você não só influenciará a atmosfera espiritual do seu lar, mas também ensinará sua família a adorar a Deus. Ao ser forte em oração, você não só traz as bênçãos de Deus para a vida deles, mas também modela um exemplo de como viver uma vida dependente do Pai.

Quando meu filho, Josh, tinha cerca de cinco ou seis anos de idade, eu me encontrava com ele ao lado de sua cama todas as noites para orar. Certa noite, eu fiquei um pouco entediado com as orações dele, pois ele dizia as mesmas coisas todas as noites. Eu reclamei um pouco com Deus sobre aquela situação, e Ele respondeu rapidamente: *"Bem, quem tem ensinado ele a orar? Você diz as mesmas coisas toda noite também! 'Senhor, abençoe o Josh. Proteja-o. Ajude-o na escola."* Acontece que eu estava muito ocupado para realmente ensinar meu filho a orar. Eu queria fazer uma oração e botá-lo para dormir para que eu pudesse ir encontrar a mamãe. "Filho, vamos fazer essa oração, aí você entra debaixo do cobertor e não venha para o meu quarto!" Vocês sabem do que estou falando. No entanto, naquela noite, Deus me mostrou que o meu egoísmo estava ensinando ou, melhor, não ensinando, meu filho sobre oração. Então, eu nunca corrigia o Josh, nem lhe dizia como ele deveria estar orando. Ao contrário, comecei a orar com ele da mesma maneira como eu mesmo orava em particular. Quando eu parei de orar em vã repetição, ele parou de orar em

---

[1] John Maxwell, *The 21 Irrefutable Laws of Leadership* (Nashville, TN: Thomas Nelson, 1998).

vã repetição. Na medida em que eu me tornei mais fervoroso em oração, ele também se tornou. Sem demora, Josh começou a fazer orações poderosas e apaixonadas: "Deus, eu só peço que o Senhor ajude o meu pai em nome de Jesus. Abençoe-o, Senhor. Ajude-o no trabalho. Ajude-o a pregar bem..."

Veja, como marido e pai, você é o pastor no seu lar. O pregador da sua igreja não é o pastor da sua esposa. Os líderes infantis e de jovens da sua igreja não são os pastores dos seus filhos. Você é o pastor da sua família. A equipe da igreja somente vê sua família uma ou duas vezes na semana. O que você está fazendo com a sua família no restante de tempo?

Como pastor titular na Gateway Church, eu levo com seriedade a minha responsabilidade de estar ao lado dos homens da igreja e equipá-los com verdade, fé, e conselho prático para a vida diária. Os homens da minha igreja têm que pegar o que recebem e passar para outros. A Bíblia diz em 2 Timóteo 2:2:

E as palavras que me ouviu dizer na presença de muitas tes-temunhas, confie-as a homens fiéis que sejam também capazes de ensinar a outros.

Minha tarefa é passar para você o que eu tenho recebido. Como um homem fiel, sua tarefa é ensinar a sua família.

Um bom mestre não usa apenas palavras como ferramenta; ele usa a vida dele. Para realmente influenciar sua família, você tem que se envolver na vida de cada um deles. Deus considera você responsável pelo que sua esposa e seus filhos se tornam. Então quando há decisões para serem tomadas e problemas para serem resolvidos, você deve estar bem no meio deles. Eu sei que sua esposa é bem capaz de fazer coisas sozinha, mas ela quer ser direcionada. Quando você pergunta como foi o dia dela, e ela explode com histórias de crianças temperamentais, técnicos de conserto arrogantes e pilhas de roupas para lavar, ela está clamando para que você se envolva.

Vá resgatá-la! Bata nas crianças, e depois a leve para jantar. (Estou brincando quanto a bater nas crianças.)

Quando Debbie e eu nos mudamos para cá para iniciar uma igreja, tivemos que decidir o que fazer quanto à escola de nossos filhos. Nossa filha ainda estava no ensino infantil, então decidimos educá-la em casa... nós podíamos lidar com a matemática do 3º ano. Nosso filho, James, por outro lado, estava no 9º ano, e sabíamos que aquilo era avançado demais para nós. Então, decidimos investigar algumas escolas particulares locais. Quando chegou a hora de fazer a pesquisa das escolas, eu estava muito ocupado, então pedi à Debbie para fazer isso. Ela não gostou de ter que fazer isso sozinha, mas eu insisti. Ela pesquisou diversas escolas e escolheu uma que exigia pagamento adiantado. Portanto, nós desembolsamos cinco mil dólares.

James não estava na escola por mais que algumas semanas antes de percebermos que havíamos cometido um erro enorme. Aquela escola era muito difícil com sete matérias complicadas que exigiam muita dedicação dele dentro e fora da sala de aula. Acontece que James gosta de passar tempo ao ar livre: caçando, pescando, praticando esportes. Ele é muito esperto, mas não se dá bem quando é apressado. Ele estava muito infeliz e não estava florescendo naquele ambiente. Então, o tiramos daquela escola e o matriculamos em outra onde ele se sobressaiu. Os cinco mil dólares, entretanto, não foram recuperados tão facilmente. O depósito era não reembolsável. Nem preciso dizer que fiquei chateado. Senti que Debbie havia feito uma péssima escolha que nos custou muito dinheiro.

Na manhã seguinte, eu estava orando. Enquanto eu falava com Deus sobre algo, que não lembro o que era, Ele me interrompeu. Com Sua voz franca e familiar, Ele disse: *"Você perdeu cinco mil dólares"*. Sem demora, eu discordei e respondi, "Não, a Debbie perdeu cinco mil dólares". A resposta Dele me alfinetou: *"Ah, ela é o cabeça da casa agora? Quem é o cabeça dessa casa?"* Eu não tinha uma resposta para as perguntas Dele. Ele continuou: "Nunca mais fique ocupado demais para não poder escolher a escola dos seus filhos! Eu sabia que isso ia acontecer". Isso pode parecer duro, mas eu entendi o recado: Eu tenho que estar envolvido com a minha família. Toda decisão tomada que os afeta voltará a mim.

E quanto a você? Você é o líder no seu lar? Tenho conhecido muitos homens que são fortes e comprometidos no trabalho, mas deixam a família com a esposa. Isso é um erro grave. Você colherá algumas consequências sérias ao se esquivar da responsabilidade familiar. Você tem que ser forte. Coloque-se na brecha pela sua família, fazendo parte da vida deles, lutando pelo melhor deles, conduzindo-os à santidade. A liderança forte hoje ostenta bênção abundante amanhã.

DEIXANDO UM LEGADO

Moisés viveu uma vida excepcional, usado por Deus de maneira que causa inveja na maioria de nós. Porém, há uma história em Êxodo sobre ele que tem muito a dizer a nós, maridos e pais.

Após a experiência do arbusto em chamas, Moisés se preparou para voltar ao Egito. Deus havia lhe dito fielmente para onde ir, o que fazer, o que dizer e quais milagres seriam feitos para ver os filhos de Israel libertos (Êxodo 4:19:23). Moisés estava pronto. E, ainda assim, Êxodo 4:24 nos diz que quando ele e sua família estavam a caminho do Egito, Deus ficou tão bravo com Moisés que procurou matá-lo. O que aconteceu entre os versículos 23 e 24?

Deus havia instruído Moisés a voltar ao Egito para libertar Seu povo da escravidão e lembrá-los de como andar nos caminhos do Senhor. Isso significava que eles teriam que reinstituir o ato da circuncisão. Moisés concordou em levar a mensagem para o povo, mas não a colocou em prática em seu lar primeiro. O versículo 25 diz que a esposa de Moisés, Zípora, pegou uma pedra afiada, circuncidou seu filho, lançou o prepúcio nos pés de Moisés e disse: *"Você é para mim um marido de sangue!"* Zípora se intrometeu para fazer o que Deus havia dito a Moisés para fazer, e ela o fez com uma atitude horrível. Sem atribuir muito significado ao texto, me parece que Moisés havia perdido o controle de sua família. Talvez, quando ele apresentou o plano da circuncisão, Zípora não tenha gostado da ideia. Ao invés de ser forte na liderança, explicando a importância da obediência no ato da circuncisão, Moisés cedeu, pois era o caminho mais fácil... pelo menos ele pensava que era. Deus resistiu violentamente.

O versículo 26 nos diz que Deus então deixou Moisés ir, o que soa como algo bom, pois Ele não matou Moisés. Porém, creio que Deus saiu de cena porque Zípora tinha se intrometido. Deus estava lidando com Moisés quando Zípora achou que podia fazer um trabalho melhor. Então, Deus a deixou fazer o que ela queria. Aqui vai uma observação sobre lidar com o pecado na vida de seu cônjuge: Se você intervier onde Deus estiver tentando corrigir e disciplinar, Ele permitirá que você faça isso, mas você nunca terá sucesso em corrigir seu cônjuge. Somente Deus pode mudar um coração, então não tente fazer o trabalho Dele.

A parte mais triste dessa história vem mais tarde em Êxodo 18, após todas as pragas, a Páscoa, a libertação milagrosa da escravidão e a abertura do Mar Vermelho. Depois de todos esses milagres, Jetro (sogro de Moisés) foi até Moisés com Zípora e seus dois filhos. Isso significa que no meio do caminho, Moisés havia enviado sua família de volta para Midiã para viver com seus parentes. A disputa entre Moisés e Zípora havia ficado tão intensa e perturbadora que Moisés tinha desistido de liderar sua família e a enviou para outro lugar.

Os dois filhos de Moisés perderam a parte mais espetacular do ministério dele, a presença e os milagres abundantes de Deus. Quando os outros garotos do acampamento sentavam em volta da fogueira e se lembravam de quando Deus transformou a água do mar em sangue e todo o Egito foi assolado com sapos, os filhos de Moisés ficavam sentados em silêncio. Os pais deles estavam separados durante aquela época, e eles perderam aquilo. A fé deles não foi esticada quando o Anjo da Morte passou pela porta deles na noite de Páscoa. Eles não podiam dizer que haviam caminhado sobre terra seca no Mar Vermelho cercados por paredes de água suspensas pela própria mão de Deus.

Se você já pensou por que os filhos de Moisés não deram continuidade ao negócio da família em liderar Israel após a morte de seu pai, é porque Moisés era forte em liderar Israel, mas não era forte em liderar sua família. Quando Moisés enviou os doze espiões para investigarem a Terra Prometida, apenas dois, Josué e Calebe, voltaram com relatórios da capacidade de Deus de vencer os gigantes. Deveria ter sido quatro. Os filhos de Moisés deveriam estar lá vivendo a fé que haviam herdado de seu pai. Eles deveriam ter retornado prontos para enfrentar os filisteus, os amonitas, os moabitas e quem quer que se colocasse no caminho deles, pois o pai deles havia lhes mostrado o poder invencível de Deus. Quem sabe a vida dos filhos dele pudesse ter sido diferente.

Você tem uma escolha. Pode escolher ser forte, forte em espírito, em oração e em liderança, embarcando em grandes jornadas de fé. Sua família estará logo atrás de você, aprendendo e participando da aventura. Eles irão continuar rumo a coisas ainda maiores porque você os inspirou. Ou, você pode escolher ser passivo na sua caminhada com Cristo e passivo em liderar sua família. Certamente, você lutará com o efeito negativo que isso terá sobre o caráter deles, mas pode ser que você veja somente na eternidade tudo que eles perderam por causa da sua fraqueza. De qualquer forma, sua esposa e seus filhos provavelmente conhecerão a Deus da forma como você os levar a conhecê-Lo. Liderar é influenciar. Que legado você quer deixar?

CAPÍTULO QUATRO

Você é o Homem

$\mathcal{B}$ill estava empolgado com seu novo emprego como diretor de marketing de uma grande empresa de arquitetura. Ele havia ficado alguns meses sem trabalhar e estava pronto para mergulhar de cabeça para mostrar ao mundo do que ele era capaz. Seu supervisor, Jerry, encontrou-o na porta no primeiro dia para recepcioná-lo e lhe mostrar o escritório.

Após fazer o grande passeio e conhecer cerca de 50 pessoas cujos nomes ele já havia esquecido, Bill se acomodou atrás de sua mesa enquanto Jerry continuava a orientação:

– Bill – disse Jerry – estamos tão animados que você agora faz parte da nossa organização. Pelo que eu conheço da sua ética de trabalho e da sua experiência, você é o encaixe perfeito. Nós todos estamos contando com você para completar nosso time e nos tornar ainda mais bem-sucedidos do que já somos.

– Estou empolgado de estar aqui, Jerry. Eu lhe darei 100 por cento, e junto iremos conquistar o mundo arquitetônico.

– Bem, fico muito feliz de ouvir você dizer isso. Meu escritório fica no fim do corredor. Não hesite em bater à minha porta se tiver alguma pergunta.

Com o último comentário, Jerry se levantou, deixou o escritório, e fechou a porta deixando lá dentro um Bill muito confuso.

– Espera um pouco – Bill pensou – esse é todo o treinamento que vou receber? Fui contratado como diretor de marketing; e eu sei que essa é uma empresa de arquitetura, mas além disso, não tenho certeza do que eles querem de mim.

Ele observou a sala ao seu redor, pouco decorada. Nas gavetas, havia apenas materiais de escritório e pastas de arquivo vazias. Sobre a mesa dele, um telefone e um computador esperavam para serem utilizados. Mas para quem ele deveria ligar? Em qual projeto ele deveria trabalhar?

Após contemplar por alguns minutos, Bill partiu para encontrar Jerry e aceitar sua oferta de responder algumas perguntas. Batendo na porta suavemente, Bill esticou o pescoço para dentro da sala e encontrou Jerry mergulhado em trabalho.

– Oi, Bill – Jerry olhou para cima – entre. O que posso fazer por você?

– Bem – Bill começou – eu preciso de um pouco de direção. Você pode me dar alguns detalhes sobre o que o meu trabalho envolve?

Jerry enrugou a testa e perguntou:

– Como assim 'detalhes'? Você é o diretor de marketing de uma grande empresa de arquitetura.

– Sim, isso eu sei. – Bill disse ironicamente – Mas para que eu possa fazer um excelente trabalho, eu gostaria de saber um pouco sobre o que a última pessoa no meu cargo fez e o que a empresa agora espera deste novo diretor de marketing.

Jerry se encostou em sua cadeira, espantado com o fato de seu novo funcionário cinco-estrelas fazer tais perguntas.

– Bill, se você não sabe o que é esperado de você aqui, eu não irei lhe dizer. Você deveria ter pensado nisso antes de aceitar esse emprego...

Às vezes seu casamento se parece com isso? Tenho certeza de que você já ouviu antes o comentário: "Se você não sabe, eu não vou te dizer!" Você se sente como tivesse mergulhado com entusiasmo só para descobrir que sua esposa tem algumas necessidades importantes e expectativas altas em relação a você, mas ela não lhe diz quais são? As mulheres são especialistas em confundir os homens com leitores de pensamento e então ficam bravas quando eles não conseguem ler suas mentes. Assim como Bill não tem nenhuma chance de ter sucesso num cargo em que as expectativas não são esclarecidas, você não pode esperar ser um bom marido quando não sabe o que sua esposa precisa de você.

Deus criou o homem para ser capaz de suprir as necessidades de sua esposa. É claro, existem certas necessidades que somente Deus pode suprir, e você nunca deve tentar suprir aquelas. Por exemplo, a necessidade dela de um coração redimido e santificado pode apenas ser suprida por Jesus e pelo Espírito Santo. Você não é o Salvador dela. No entanto, em Seu plano mestre do homem e da mulher, Deus equipou cada um com habilidades e características que podem satisfazer muitas das necessidades de seu cônjuge. Ainda assim, se você não sabe quais são essas necessidades, você não poderá supri-las.

Apesar de todas as mulheres não serem exatamente iguais, todas elas foram criadas pelo mesmo Deus que programou todas elas da mesma forma. Se você acha que pode trocar sua esposa por um modelo mais novo e ficar livre dos problemas que tem no casamento, repense sobre isso. Elas são todas iguais debaixo do capô.

As necessidades femininas são principalmente emocionais. Elas são criaturas vulneráveis que anseiam por intimidade. Os homens não são principalmente emocionais. Nós somos físicos, e nossa ideia de intimidade tem mais a ver com contato corporal do que com sentimentos. A fim de ser o homem de Deus que sua esposa precisa, você terá que morrer para a carne que você está acostumado a satisfazer.

Há um perigo em necessidades não supridas. Como homem, se você não é respeitado no seu lar e se sua esposa não está suprindo suas necessidades sexuais, a moça que ocupa a mesa à sua frente e é sua fã e parece querer se declarar se torna uma tentação traiçoeira. As mulheres têm casos fora do casamento também, e por razões similares. Uma esposa infiel está à procura de um homem que supra as necessidades que seu marido não supre em casa.

Deus certa vez me disse que Ele queria me ajudar a listar minhas prioridades. Eu achei uma boa ideia, então peguei um pedaço de papel, numerei de um a três e escrevi "Deus" no número um. Imediatamente, ouvi o Pai dizer:

– *Eu não disse para você escrever isso.*

– Sim, Deus, eu sei que o Senhor não me disse para escrever isso, mas eu sei que essa é a resposta correta. Quero dizer, caso o Senhor tenha esquecido, eu estudei isso e até preguei sobre isso. A lista de prioridades de todo mundo deve ser: Deus, família, trabalho.

Novamente, Ele disse – *Eu não disse para você escrever isso.*

– Tudo bem – eu disse enquanto amassava o papel e o jogava fora.

Peguei outra folha e sentei para esperar em Deus.

Ele falou claramente comigo dizendo – *Escreva número um.* E eu escrevi número um.

– *Agora* – Ele disse – *escreva Debbie.*

Eu estava tão confuso.

– Mas, Deus, o Senhor deve ser o primeiro na minha vida. Eu amo o Senhor e quero servi-Lo.

A resposta Dele me impactou:

– *Se você me ama e quer me servir, obedeça-Me. Ponha a Debbie em primeiro lugar na sua vida. Se ela estiver em primeiro lugar, então Eu sei que também estarei.*

Sua esposa tem que ser a primeira prioridade na sua vida. Você precisa ser rebaixado e ela precisa ser promovida. Se você fizer essa única mudança, você verá uma melhora notável no seu casamento. Quando ela souber que é a primeira na sua vida, a maior necessidade dela será suprida: a necessidade de segurança. Acima de tudo, as mulheres anseiam por segurança, e você foi equipado para torná-la segura. Você é o homem que Deus escolheu para suprir essa necessidade na vida dela.

SEJA UM HOMEM PARA A VIDA TODA

Quando uma mulher sente que você não está totalmente comprometido com ela, ela se sente extremamente insegura. É bem inquietante para ela pensar que seu marido poderia fazer as malas qualquer dia e deixá-la. Lembre-se, as mulheres são seres emocionais, então suas ações e palavras são sempre traduzidas pelo coração delas. Um futuro seguro com o marido delas comunica amor, aceitação, e relacionamento.

Se sua esposa questiona a sua lealdade a ela, talvez você tenha lhe dado uma boa razão para duvidar. A interpretação dela sobre as suas intenções pode ter vindo de uma daquelas ameaças verbais que você diz quando explode com ela: "Qualquer dia desses eu vou sair por aquela porta e nunca mais vou voltar!" Esteja você falando sério ou não, o medo e a insegurança dela se originarão das suas palavras.

Entretanto, outras vezes, pode ficar menos claro para você de onde ela tira o medo de abandono. Uma possibilidade pode ser outros homens na vida dela – o pai, relacionamentos passados, ou até mesmo amigos próximos. Ela já foi abandonada antes? Se sim, isso provavelmente foi muito traumático para ela. Para se proteger de ser ferida por tamanha dor novamente, ela entrou no casamento já esperando que você a deixe. E, porque você não percebeu que ela se sentia insegura quanto ao futuro de vocês juntos, você nunca fez nada para estabilizar a preocupação dela.

Sua esposa precisa saber que você está comprometido a nutri-la e a cuidar dela para que ela alcance maturidade plena. Jesus está comprometido conosco, Sua noiva, dessa maneira. Ele trabalha diariamente, nutrindo e cuidando dos nossos corações. A nutrição traz maturidade plena. O cuidado protege aquilo que está amadurecendo. Como crentes, nós sabemos que nunca seremos completamente maduros até que vejamos Cristo face a face. Portanto, esse é o período de tempo durante o qual você está comprometido no casamento. Diariamente, até que a morte os separe, você deve estar nutrindo e cuidando da sua noiva.

Deus também está comprometido com a sua esposa, e Ele é de fato Aquele que a torna mais parecida com Cristo. O que Ele planta nela, você deve cultivar. Deus irá trabalhar nela com ou sem a sua cooperação, mas você enfraquece o processo de crescimento quando não concorda com Ele. Se Deus quer ensiná-la a confiar mais Nele, mas você é completamente não confiável, ela irá lutar em acreditar que deveria realmente confiar em Deus. Porém, quando você dá a ela um sentimento de segurança, confiar em Deus é mais viável porque você tem lhe mostrado que a fé não desaponta.

Jesus nos prometeu que Ele nunca nos deixaria nem nos abandonaria (Hebreus 13:5). Isso inunda o meu coração com paz e confiança. Seu coração pela sua esposa deve corresponder ao coração de Jesus por você. Ela precisa receber de você a mesma confiança que você recebe de Jesus.

Você é o homem que Deus deu a ela para a vida toda a fim de suprir sua maior necessidade por segurança. Seja esse homem... para a vida toda. Afirme verbalmente seu compromisso com ela e depois complemente suas palavras com ações que validem a confiança dela em você. Tal segurança irá encher sua esposa com paz e esperança pelo o futuro.

SEJA UM HOMEM QUE PROVÊ

Um homem, um homem forte, assume responsabilidades. Quando meu filho, Josh, foi para a faculdade, ele se tornou responsável por si mesmo. Embora eu ainda o estivesse ajudando financeiramente, ele administrava seu tempo e seu dinheiro bem, pagava suas contas e tirava boas notas. Quando se formou, ele conseguiu um emprego e começou a se sustentar. Não muito depois, ele se casou e começou a cuidar de sua esposa. Josh escolheu ser um homem quando assumiu responsabilidades. Antes de morar sozinho, assumindo responsabilidade pela sua própria vida, ele ainda era um garoto. Idade, tamanho, estado civil, paternidade, riqueza... não fazem de um garoto um homem. Assumir responsabilidades faz dele um homem.

As mulheres precisam de segurança. Deus criou o HOMEM para suprir essa necessidade na vida delas; um garoto não pode fazer o trabalho de um homem. Um garoto imaturo e irresponsável, não importa a idade que tenha, nunca poderá suprir a necessidade de segurança na vida de uma mulher porque ele não irá ter atitude nem assumirá responsabilidade. Como eu acredito em papéis tradicionais para os homens e as mulheres, eu quero desafiar você a tomar a frente em prover para a sua família. Isso não significa que sua esposa não pode trabalhar, mas significa que não é do salário dela que sua família depende para fazer compras no supermercado, pagar a prestação do carro e a conta de luz.

Você não só deve ganhar dinheiro para a provisão da sua família, mas também deve administrar as finanças de maneira responsável. Quando as contas chegarem, pague-as em dia. Uma data de vencimento do dia 15 não significa colocar no correio no dia 15. Estabeleça um orçamento e viva de acordo com ele, e faça com que sua família viva de acordo também. Explique a eles que o orçamento determina como vocês vivem hoje e também torna o amanhã possível. Guarde dinheiro para que você possa lidar com as emergências quando elas surgirem. Provérbios diz que as pessoas tolas gastam tudo o que ganha, mas o sábio economiza (Provérbios 6:6-11).

Ao assumir o papel de provedor no seu lar, você obtém respeito. Seus filhos irão reconhecer você como o cabeça e, portanto, irão honrá-lo como o cabeça. Se você sempre manda eles irem procurar a mamãe quando pedem dinheiro, você rouba de si mesmo a autoridade que precisa para liderar o lar. Você acaba passando para eles a imagem de que a mãe é o cabeça do lar. Um dia, você até pôde ouvir o seu filho no quintal dizer para os amigos: "Quando eu crescer, quero ser um homem de verdade, igual a minha mãe".

Não é a sua esposa que deve ser o cabeça do seu lar; é você. Esse era o plano de Deus desde o começo. O pecado tornou isso difícil porque agora nós preferimos ceder à nossa carne e ser irresponsáveis. Se você continuar a ceder a esse espírito, sua esposa irá se afundar cada vez mais na ansiedade, e o seu casamento irá descer cada vez mais longe do nível de potencial que Deus planejou que ele atingisse.

O oitavo versículo de 1 Timóteo 5 diz:

Se alguém não cuida de seus parentes, e especialmente dos de sua própria família, negou a fé e é pior que um descrente.

Ai! Essas palavras são fortes. Já que Deus planejou que o homem suprisse as necessidades de Sua família, Ele leva muito a sério quando um homem que afirma amá-Lo não o faz.

A mulher era a coroa da criação de Deus. Ele a criou linda e frágil. Ela reflete Seu lado emocional, e em Seu plano perfeito Ele ordenou segurança para ela através de nós. Quando você provê para ela, você não está só garantindo teto e comida para ela, você está lhe dizendo que ela é valiosa para você. Quando ela sabe que você irá fazer de tudo para poder prover para ela, ela sabe que você morreu para si mesmo e a está colocando em primeiro lugar. A estabilidade emocional da sua esposa está diretamente ligada à confiabilidade que você oferece. Sua provisão a torna uma rocha emocional, inabalável e satisfeita.

Um servo que se sacrifica e não é egoísta deixa uma mulher segura. Um frouxo egoísta e preguiçoso deixa uma mulher insegura. Você representa Deus para sua esposa. O que ela está aprendendo com o seu comportamento?

SEJA HOMEM DIANTE DO PERIGO

Eu ensinei à Debbie como atirar com uma arma. Ela atira bem também! Quando ela aprendeu a atirar, eu ensinei a ela o que fazer se um homem invadir a nossa casa: Boom! Boom! "O que você quer?" Primeiro atire, depois pergunte. Qualquer pessoa invadindo uma casa com a intenção de causar dano àquela família não tem que estar ali.

A Debbie precisa estar segura emocionalmente, financeiramente, e fisicamente também. Ela não só precisa saber que está segura, mas também precisa saber que seus filhos estão seguros. Minha família sabe que deve trancar as portas da casa mesmo se estiverem em casa. Minha esposa e minha filha sabem que não devem ficar sozinhas nas partes perigosas da cidade. Meus filhos sabem lutar para se proteger. Minha filha sabe que não deve se colocar numa situação perigosa com um rapaz, não importa o quanto ele seja bonitinho.

Como minha família se tornou tão sábia e cautelosa? Eu ensinei. Como líder, eu os instruí sobre a importância de serem atentos e cautelosos. Quando estou com eles, eu me certifico de que estão seguros; quando não estou com eles, sei que estão armados com sabedoria e bom senso.

Minha vida era bastante dura antes de conhecer a Jesus. Eu brigava muito na rua... mas apanhava muito também. Lembro-me de uma vez em que apanhei muito. Eram cinco contra dois, e aqueles eram os dois caras mais durões que já conheci! Enfim, quando meus filhos alcançaram a idade adequada, eu não somente os ensinei a lutar, mas também quando lutar. Arranjar briga com os colegas não faria com que eles ganhassem respeito, mas se defender sim. E, mais do que isso, proteger as mulheres em suas vidas do perigo os tornaria heróis.

Até o meu último suspiro, irei proteger a minha família. Mas manter minha família longe do hospital não é a única maneira de protegê-la. As armas de satanás podem machucá-la muito mais do que um osso quebrado. É extremamente importante que eu deixe minha família ciente dos perigos que se espreitam a fim de tentá-la a se afastar da santidade. Quando eu coloco limites no tipo de música que meus filhos podem escutar, eu explico o porquê. Nós lemos juntos na Bíblia onde fala sobre a importância de encher sua mente com pensamentos bons e louváveis (Filipenses 4:8). Quando eu recusei a permitir que minha filha namorasse aos 13 anos de idade, eu li com ela aquele versículo que exorta: *"não despertem nem provoquem o amor enquanto ele não o quiser"* (Cânticos 2:7). Fazendo da Bíblia o padrão para a tomada de decisões na nossa casa, eu equipo meus filhos com a sabedoria que irá protegê-los por toda a vida.

Minha esposa sabe que ela está segura, e sabe que seus filhos estão seguros porque ela tem um marido que está comprometido com a segurança deles. Acima de tudo, nós confiamos em Deus para cuidar da nossa família. Pode parecer sem lógica dizer que confiamos em Deus enquanto vivemos de maneira tão cautelosa, mas não é. Eu confio em Deus como meu provedor, mas eu ainda trabalho. Da mesma forma, eu confio em Deus como meu protetor, mas eu ainda tranco as minhas portas. A provisão e a segurança de Deus muitas vezes vêm através do meu trabalho e devido às minhas portas trancadas. Eu trabalho junto com Deus protegendo minha família ao ensinar habilidades de segurança e insistir que eles as usem.

VOCÊ É O HOMEM

Ultimamente, temos escutado muito sobre o "espírito de Jezabel" na igreja. Apesar de isso ser uma ameaça válida para o corpo de Cristo, existe outro espírito presente que possibilita o espírito de Jezabel: o espírito de Acabe. Acabe foi o rei de Israel que conquistou mais terra do que qualquer outro, exceto Salomão. Esse poderoso conquistador dominava seu reino; mas quando ele chegava em casa, ele respondia à Jezabel. Jezabel era quem dominava o castelo. Podemos ver a extensão do poder e do controle dela em 1 Reis 21.

Acabe retornou à Samaria após grandes conquistas e decidiu que ele queria a vinha que ficava adjacente ao palácio. Ele foi falar com o dono, Nabote, e prometeu uma negociação justa pela vinha. Nabote disse não ao rei. Isso aborreceu muito a Acabe; e ele foi para casa, deitou-se na cama e ficou emburrado. Quando Jezabel o encontrou e ficou sabendo de seu desapontamento, ela o consolou com elogios... e depois tomou o controle. Jezabel preparou um banquete para Nabote, ainda por cima com falsas testemunhas instruídas a acusar Nabote de blasfêmia. Quando as mentiras foram espalhadas, Nabote foi levado para fora da cidade e apedrejado. Acabe tomou posse da vinha. Jezabel se sentou reinando como rainha acima de seu marido.

Existe um espírito de Acabe nas famílias permitindo que as mulheres tenham atitude e substituam seus maridos como o cabeça do lar. Essas mulheres sofrem de uma necessidade de segurança não suprida. Elas não saem e têm casos amorosos. Elas simplesmente usurpam o poder e o utilizam para construir um falso senso de segurança, o que elas acham ser melhor do que segurança nenhuma.

Elas têm Acabes que dominam o mundo dos negócios, mas evitam a vida familiar. Elas acreditam que têm que assumir o controle senão sua família entrará em colapso. As mulheres levam a maternidade a sério, e quando não há nenhum marido para ter atitude e assumir a responsabilidade, elas farão o que for necessário para cuidar dos filhos. A ascensão delas à posição de cabeça da família irá devastar a elas mesmas e seus filhos. Elas não foram criadas para atuarem nesse papel; não estão equipadas para isso. Você é o único na vida delas que pode lhes dar segurança. Você é o homem.

Deus criou você para ser um líder. Não fique intimidado por esse papel; agarre a oportunidade de cumprir o seu propósito nessa vida de ser um marido e pai forte. Acabe levava duas vidas: um estilo de vida conquistador no mundo profissional e um estilo de vida derrotado em casa. A esposa dele acabou conseguindo roubar seu legado e sua glória. Não é por coincidência que o nome dela ainda seja famoso hoje enquanto a maioria das pessoas pergunta: "Acabe? Nunca ouvi falar dele".

Após ler este capítulo, você reconhece que pode haver um espírito de insegurança atacando sua esposa? Você enxerga formas práticas como assumir a responsabilidade para que a maior necessidade dela possa ser suprida? Você ficará surpreso com a rapidez que o seu compromisso com o bem estar emocional, financeiro e físico dela mudará a perspectiva dela em relação à vida e em relação a você.

Não leve sua esposa à ansiedade e ao pânico devido à insegurança. E também não permita que ela se torne uma Jezabel. Seja o homem forte que ela precisa todos os dias, para a vida toda.

CAPÍTULO CINCO

Mergulhe Fundo

Neste livro, eu reiterei repetidamente que os homens e as mulheres são diferentes. Desde o início, Debbie e eu temos tentado convencer você de que a diversidade entre os gêneros no casamento é uma coisa boa para o relacionamento. Porém, às vezes, pode parecer uma coisa ruim. Como quando você está tentando assistir ao jogo e ela não para de tagarelar sobre o que a Maria falou para a Joana na igreja naquela manhã. Ou como quando o Pedro e a Ana convidam vocês para ir a casa deles na sexta à noite para comer fondue e jogar jogos de tabuleiro e ela diz sim! Ou como quando você está brincando de luta com os seus filhos no chão e ela fica irritada que você os deixou todos agitados logo antes da hora de dormir. Nesses momentos, você provavelmente não aprecia o contraste na sua esposa.

Por que as mulheres não podem ser mais parecidas com os homens? Bem, acho que nós nem queremos responder essa pergunta. Os homens concordam que as mulheres são criaturas magníficas... mesmo se o comportamento delas é irritante às vezes. Elas são lindas, macias e carinhosas. Nós amamos estar com elas, quando elas não estão sendo esquisitas demais.

Em Gênesis 2, quando Deus criou Eva, o que você achava que estava passando pela cabeça de Adão? Ele havia caído em um sono profundo, profundo o bastante para não sentir Deus retirar uma costela do lado dele e costurá-lo de volta. Quando acordou, ele bocejou, se alongou, se coçou, e então se virou, dando de cara com a visão mais gloriosa que havia visto. Ali estava ela, nua e sem ter vergonha, a graça feminina em todo o seu esplendor. Você se lembra de como se sentiu na noite do seu casamento? Então multiplique isso por um milhão, e talvez você possa imaginar a fascinação de Adão.

Antes de o pecado entrar no relacionamento deles, Adão e Eva eram capazes de celebrar a singularidade um do outro sem ficarem irritados ou bravos. Ele amava o dom dela de decoração, e ela amava o jeito brincalhão dele. Ele apreciava a habilidade dela de mergulhar no coração dele, e ela valorizava as vezes em que ele a abraçava bem perto enquanto observavam as estrelas juntos. Porém, depois do incidente com o fruto e a serpente, nenhum dos dois se relacionava mais com o outro perfeitamente. As sugestões dela se tornaram irritantes, e o silêncio dele se tornou doloroso.

Quando Deus deu Eva a Adão, Ele queria que os dois se tornassem um, não só uma carne, mas um espírito. Eles foram criados para ter intimidade. Deus sabia que Adão estava se sentindo só, e criou Eva com um desejo por companheirismo também. Se eles não se unissem para suprir as necessidades um do outro, os dois ficariam infelizes.

Para a maioria dos homens, "intimidade" é uma palavra assustadora. Ela cria uma imagem de poesia melosa e choradeira. Nós temos medo de que se cedermos a essa coisa de intimidade, começaremos a alugar filmes românticos e fungar em comerciais emotivos. Um homem de verdade não chora quando vê um cachorrinho enfeitado com laço. Isso simplesmente não é certo.

Bem, de homem para homem, crie coragem! A intimidade não irá enfraquecer nem baratear a sua masculinidade. Ela irá somente fortalecer seu casamento. O plano de Deus desde o início era que você se tornasse um só espírito com a sua esposa, e isso envolve mergulhar mais fundo com ela no nível do coração. Ela quer conhecer a pessoa que existe por trás da sua imagem de durão: suas paixões, seus sonhos, suas decepções e seus medos. Não se preocupe. Ela não irá amá-lo menos se descobrir que um dia você foi demitido por incompetência ou que você tem medo de parecer um fracote na frente dos seus amigos. As mulheres são estranhas assim. Quanto mais elas sabem sobre você, coisas boas ou ruins, mais são atraídas a você. Acho que isso acontece porque elas têm uma necessidade por intimidade que é suprida quando revelamos nosso coração a elas, e então se sentem mais próximas de nós porque suprimos essa necessidade. Sua esposa quer conhecer você, e ela quer que você a conheça. Embora talvez você nunca a compreenda completamente, você pode conhecê-la intimamente.

ELA QUER SEU CARINHO

Não é surpresa para os homens que nossa segunda maior necessidade é o sexo. Nós somos lembrados diariamente, de hora em hora, da nossa necessidade por sexo. Sua esposa talvez não entenda isso, mas não se preocupe, pois a Debbie irá explicar isso a ela mais tarde neste livro.

Eu acho que Deus nos deu uma sede por sexo para que ficássemos comprometidos com nossas esposas. Imagine se os homens não tivessem o impulso sexual. Eles iriam caçar juntos, se reunir em volta da fogueira juntos, se gabar sobre sua última caçada, todos coçando a cabeça e pensando: "Hum, acho que eu deveria estar em algum lugar hoje à noite". Enquanto isso, a mulher estaria sentada em casa, batendo o pé impacientemente, virando os olhos e suspirando: "Aquele tolo. Ele nos esqueceu de novo. Acho que eu vou ter que ir até o centro de caça e arrastá-lo de lá!" Isso soa engraçado porque nunca aconteceria. Não importa quão másculo nosso dia tenha sido, caçando ou conquistando, nós somos levados de volta às nossas esposas porque existe uma necessidade intensa que somente ela pode suprir. Graças a Deus pelo impulso sexual!

As mulheres não precisam de sexo como nós precisamos, mas elas precisam de carinho. Você pode estar pensando: "Qual é a diferença? Sexo, carinho, a mesma coisa, certo?" Errado. Certa vez ouvi sobre uma pesquisa que pedia que as mulheres avaliassem suas necessidades. O sexo nem chegou à lista das 10 principais. Ficou inclusive numa posição mais baixa que jardinagem! Aparentemente, manjericão fresco é mais importante para uma mulher do que sexo. Entretanto, ela anseia por carinho.

Então, se sexo não é carinho, então o que é carinho? Permita-me lhe dar alguns exemplos: segurar a mão dela, acariciá-la, colocar seu braço em volta da cintura dela, abraçá-la. Sua esposa sabe que quando você se aproxima para tocá-la, você quer fazer sexo com ela. Ela não é boba. Na verdade, ao longo dos anos, ela provavelmente desenvolveu um radar que soa quando você entra no quarto: "Alerta, pervertido! Alerta, pervertido!" Ela se tornou fria para a sua necessidade por sexo porque você tem ignorado a dela por carinho. Como você acha que a sua esposa reagiria se você sentasse ao lado dela no sofá, colocasse os braços em volta dela, puxasse ela para perto e ficasse junto dela por uma hora... e depois não fizesse sexo com ela? Ela ficaria chocada, mas também ficaria realizada.

Homens, eu quero dizer a vocês que quando vocês saem de sua rota para gratificar a necessidade dela por carinho, ela ficará muito mais disposta a gratificar a sua necessidade por sexo. Na maioria do tempo pensamos: "Irei jogar o meu charme hoje à noite. Ela não será capaz de resistir a mim. Irei desabotoar minha camisa, colocar um cordão de ouro, passar um pouco de loção pós-barba, e ela irá se atirar nos meus braços". Bem, se você não notou até agora, não importa quão polido sua abordagem seja, ela não vai ficar impressionada. Não me entenda mal, tenho certeza de que você é magnífico, pelo no peito e tudo, mas você não é irresistível. Você sabe o que é irresistível para uma mulher? Carinho. Beijá-la no sofá sem arrastá-la para o quarto é bastante excitante para ela.

Outro bônus extra de se tornar mais carinhoso pode ser que você descubra que gosta de toque não sexual. Não lute contra isso. Eu amo ser abraçado pela minha esposa. Agora, eu não gosto de ser abraçado pelo meu amigo Brady, mas amo quando a Debbie me abraça. Eu nunca preciso de um abraço dos meus colegas de golfe, mas receber um abraço da Debbie me eletriza. Eu ainda amo sexo; sou homem. Mas o toque da minha esposa tem aberto um mundo todo novo que gera energia e vitalidade em nossos momentos a sós.

Eu também descobri que o romance anda de mãos dadas com o carinho. Quando sou carinhoso com a minha esposa, estou dizendo a ela que amo mais sua companhia do que seu corpo. Quando eu acendo o romance, estou dizendo a ela que anseio sua companhia mais do que seu corpo.

Sua esposa já reclamou que você não é romântico? Talvez você ache que não é criativo o bastante para ser romântico. O truque do romance não são grandes ideias, um gosto caro ou um dom para escrever baladas. O truque do romance é planejar antes. Pergunte à sua esposa na terça-feira se você pode levá-la para sair na sexta-feira. Quando a sexta-feira chegar, tenha a noite já planejada. Mande flores ou um cartão para ela quando você não estiver encrencado. Deixe um bilhete na gaveta para ela achar quando estiver cozinhando. Surpreendê-la com romance diz a ela que você está pensando nela mesmo quando não estão juntos.

No entanto, fique atento, pois você não pode ser muito romântico se não for um bom administrador financeiro. Colocar um buquê de flores de 80 reais no cartão de crédito que está quase no limite não mostra romance. Ao contrário, esse gesto abala a capacidade dela de confiar em você como seu provedor. Lembre-se, segurança é a necessidade número um dela. Se o seu orçamento está apertado, colha um buquê de flores do campo no caminho de volta para casa ao invés de comprar um. Ela será tocada da mesma maneira, e você não irá estremecer a confiança que ela tem na sua capacidade de cuidar dela.

Há um grande obstáculo no caminho para o carinho, o romance e a intimidade que não pode ser ignorado ou deixado de lado, que é a impureza. Você nunca será atraído pela sua esposa e ela nunca será atraída por você se você é um escravo de pornografia. As mulheres que você cobiça e com as quais fantasia formam um padrão de medida irreal e nada saudável na sua mente, que você constantemente usa para medir sua esposa.

Pense no tempo e na energia mental que são gastos no vício da pornografia. Mesmo se um vício não for total e absoluto, esses filmes e revistas irão trabalhar contra uma esposa, não a favor dela. Considere o seguinte: se sua esposa fosse a única mulher na Terra, você provavelmente mataria para fazer sexo com ela. É verdade, não é? Então por que ela não está satisfazendo você agora? Pare de compará-la com outras mulheres, e ela satisfará toda necessidade sexual que você tiver.

Um amigo meu certa vez recomendou um filme para a Debbie e eu. Ele nos disse que era muito bom, mas havia uma cena de sexo nele. Debbie e eu somos afetados por filmes de maneiras diferentes. Eu consigo ver a cabeça de alguém ser estourada em câmera lenta e não me incomodar, mas a Debbie teria pesadelos por uma semana. Debbie consegue ver uma cena de amor e pensar em mim. Eu, por outro lado, cairia na armadilha e ficaria tentado pela luxúria assistindo a mesma cena. Devido à nossa fraqueza, nós estabelecemos limites no que assistimos. Eu não peço a ela para assistir à violência, e ela não me pede para assistir à sensualidade. Ao respeitar as convicções um do outro, nós promovemos santidade em nosso casamento e conduzimos o outro em direção à piedade.

Quando nosso amigo nos perguntou se queríamos assistir ao filme com a cena de sexo, eu recusei. Depois, Debbie me perguntou se havia alguma parte de mim que desejava que eu pudesse ver aquela cena. "Absolutamente não", eu disse a ela. "Foi muito difícil me libertar daquela escravidão naquela vez. Eu não quero ser escravo de novo". É um inferno estar com a mulher mais linda e estar pensando em outra pessoa. Irmãos, seja lá o que for necessário para se livrar da impureza que atormenta a sua mente, faça-o. Os prazeres vazios da pornografia não são nada comparados ao esplendor que os espera nos braços da sua esposa.

Você sonha com uma vida sexual mais gratificante? Morra para os seus desejos a fim de suprir os dela. Eu prometo, quando você fizer isso, ela agirá reciprocamente e surpreenderá você. Ela irá querer você e virá atrás de você, e você nem vai precisar daquele cordão de ouro.

CONECTANDO OS FIOS

Os homens vêm emocionalmente soltos. Somos como aqueles brinquedos que vêm com cem peças que você tem que montar para os seus filhos na véspera de Natal. A abordagem dos homens ao coração é ignorar as instruções e nunca usar todas as peças! E assim como os brinquedos, acabamos ficando imperfeitos, mas funcionais. As mulheres, por outro lado, vêm completamente montadas emocionalmente. Elas são totalmente conectadas com seus sentimentos e geralmente com os dos outros também.

Por que isso é importante para você? Porque a comunicação é mais uma das maiores necessidades das mulheres. Quando conversam com você, elas não querem saber só dos destaques da partida; elas querem saber de cada jogada e das entrevistas pós-jogo também. Para vocês rapazes recém-casados, vocês talvez estejam simplesmente descobrindo isso em sua esposa. Provavelmente, ela não fica satisfeita com: "Meu dia foi bom". Não, ela quer saber: "O que você fez? Por que você fez isso? O que você estava vestindo quando você fez isso?" Sinceramente, ela provavelmente não ficará satisfeita até que você explique: "Às 6:32 da manhã eu abri os olhos. Eu estava sentindo um pouco de dor de cabeça, o que eu presumo estar ligado a algumas situações estressantes no trabalho. Eu acho que estou estressado porque...". Isso mesmo, ela quer saber disso tudo. Agora, ela não está sendo intrometida; ela está tentando fazer com que você supra a necessidade dela. Ela não consegue ficar satisfeita com uma conexão de cabeça para cabeça com você; ela quer uma conexão de coração para coração.

O problema é que os homens não sabem como se conectar de coração para coração. Nós sequer sabemos que essa conexão é possível. É por isso que Deus nos dá esposas. Se você permitir, ela irá conectar aqueles fios que foram negligenciados quando você foi montado. Talvez você não perceba, mas você possui todas as partes necessárias para se comunicar com a sua esposa emocionalmente. Você só não sabe como todas elas funcionam.

Quando sua esposa começar a fazer perguntas sobre o seu passado, ela irá além de quem, o que, quando e onde. Nós geralmente conseguimos lidar com essas perguntas, mas fica confuso quando ela pula para o como e o porquê. Por exemplo, a primeira vez que você contar para ela que seu pai o abandonou quando você tinha seis anos de idade, a primeira pergunta dela poderá ser: "Oh, e como você se sentiu?" Você, é claro, irá ver a boca dela se mexendo e irá até ouvir os sons emitidos pelos lábios dela, mas você não irá fazer ideia do que ela está perguntando. Expressar sentimentos não vem naturalmente para os homens, portanto, no início, expressar seus sentimentos com a sua esposa será como falar grego.

Apesar de isso parecer estranho para você, sua esposa ainda precisa que você se conecte com ela, e você está comprometido a suprir as necessidades dela. Então permita que ela o ajude. Pense nela como sua intérprete e sua professora de línguas. Na próxima vez em que sua esposa lhe perguntar sobre sentimentos, siga com ela. Ela irá pegar um dos seus fios e dirá:

– Está vendo isso? Isso é quando seu pai deixou você.

– Sim – você dirá – estou vendo.

Pegando outro fio, ela irá perguntar – Agora, está vendo este? Esse é como aquilo fez você se sentir.

– Peraí, o que é isso? Nunca vi esse antes.

– E quando você junta esses dois fios, ela cruza os fios elétricos... bzzzzz.

– Ai! Isso machuca! – você grita.

– Exatamente. Foi assim que você sentiu quando seu pai o deixou.

Veja, os sentimentos estão lá, você só não sabe como se conectar com eles.

Sempre haverá vezes em que as diferenças entre vocês tornarão a interação difícil. Se você perguntar quando o jantar ficará pronto e ela disser: "Só falta colocar os pãezinhos no forno", não fique frustrado. Apesar de a resposta dela não ter na verdade respondido a sua pergunta, não jogue a toalha. Pergunte tranquilamente quanto tempo os pãezinhos demoram para ficarem prontos, e então você já ficará sabendo para a próxima vez. Mais importante, deixe para trás aquelas diferenças insignificantes e se dirija às coisas mais importantes. Quando o jantar estiver na mesa, faça perguntas que ganhem o coração dela, e depois responda às perguntas dela com todos os detalhes que ela deseja. Eu peguei o hábito de resumir minhas conversas com as pessoas durante o dia para que eu possa me comunicar melhor com a minha esposa no fim do dia. Como eu sei que ela irá querer os detalhes, eu os reúno mentalmente e os guardo para ela. Isso pode parecer muito trabalho, mas fazer isso por ela vale a pena para mim.

Aí você pergunta, por que eu iria querer aprender como me sentir ou como me comunicar se eu já convivi tantos anos sem isso? Bem, lembre-se de que as mulheres refletem o lado emocional de Deus. Ele é emocional assim como elas, mas sem pecado. Você não irá conhecê-Lo verdadeiramente até que possa se comunicar com Ele na língua de Seu coração, de Seus sentimentos. Quando eu passei a me comunicar melhor com a Debbie, minha vida de oração se intensificou. Quando mergulhei na profundidade dos sentimentos dela, aprendi como mergulhar profundamente no coração apaixonado de Deus também. Ele se tornou mais real para mim porque eu finalmente consegui falar a língua do coração Dele.

Mergulhe mais fundo no coração da sua esposa. Permita que ela explore a profundidade do seu também. Você pode verdadeiramente se conectar com ela. Chegará um tempo em que você irá realmente curtir escutá-la abrir o coração. Quando a necessidade de comunicação dela for suprida, você irá olhar para trás e perceber que a intimidade é a gravidade que junta o coração de vocês, unindo seus espíritos e tornando-os um.

SEMPRE HÁ ESPERANÇA

Homens, quando me casei, eu não fazia ideia. Eu achava que a vida de casado seria a minha antiga vida sem preocupações e de lazer com os bônus extras de uma empregada, refeições caseiras e sexo frequente. Havia dias em que eu mal via minha esposa porque eu me ocupava com trabalho ou diversão ou os dois. Eu me lembro de virar os olhos de impaciência para a minha preciosa esposa porque ela parecia tão apreensiva e nervosa com tudo. Mesmo quando ela tentava achar algo em comum e participar do meu mundo de esportes, eu fazia pouco da habilidade atlética dela porque, a meu ver, ela era apenas tão boa quanto uma garota podia ser. Sinceramente, no ensino médio, a Debbie era uma atleta melhor que eu! Porém, no início, meu orgulho não me deixava reconhecer isso. Ela ia jogar golfe comigo, pescar comigo, e foi até fazer mergulho uma vez. Eu simplesmente não conseguia enxergar como ela era uma bênção para mim. Como eu disse, eu não fazia ideia.

Debbie, por outro lado, era uma santa. Ela aguentava minhas tolices sem reclamar nem me perturbar. Ao invés de tentar me mudar, ela recorreu a Deus. Até hoje há um cômodo na nossa casa que serve como refúgio para ela; eu nem sei onde é! Mas quando eu estou me comportando inconvenientemente, ela vai até lá e fala com Deus sobre mim. Eu sou o marido que sou hoje porque a Debbie tem orado por mim fervorosamente e fielmente. Deus ama a minha esposa ainda mais do que eu a amo, e quando ela leva até Ele o meu comportamento egoísta, Ele sempre entra em cena para me consertar.

Talvez você esteja lendo este livro como uma resposta às orações da sua fiel esposa. Talvez seja você quem está intercedendo pelo seu casamento, clamando a Deus por ajuda e cura. Seja qual for a sua circunstância, um casamento abençoado está dentro do seu alcance! Você viu de onde eu vim... nada é impossível com Deus!

Nós servimos a um Deus de misericórdia que nos perdoa pelo nosso comportamento cabeça dura e depois vai além do perdão e nos transforma de dentro para fora. O plano Dele é transformar você em Jesus. Jesus foi o homem supremo, forte mas tenro, corajoso mas compassivo. Nada que Ele se propôs a realizar falhou. Ele amava apaixonadamente e incondicionalmente, entregou-Se sacrificialmente e confiou no Pai totalmente. Ele viveu uma vida de exemplo e depois nos disse para segui-Lo. O roteiro para a bênção em seu casamento está nas páginas de Mateus, Marcos, Lucas e João. Se você não sabe como mudar, comece lendo esses livros, observando o comportamento de Cristo e depois o imitando no seu lar. Ande nas pegadas de Jesus, negue-se a si mesmo e carregue a sua cruz diariamente. Em Cristo, a morte não nos leva à derrota. A verdade gloriosa que vimos três dias após a crucificação é que para Jesus e Seus seguidores a vida vitoriosa sempre brota da morte.

Seja uma Rainha para o Seu Rei.

Mensagem de Debbie às Mulheres

CAPÍTULO SEIS

O Rei do Castelo

Alguns anos depois de casados, Robert e eu estávamos jantando com um pastor e sua esposa. Apesar de nos amarmos profundamente, nossa imaturidade fazia com que eu ficasse frustrada e chateada com o Robert frequentemente. Devido a essa insatisfação no meu coração, eu feri o orgulho do meu marido na frente de nossos anfitriões. Tentando ser engraçada e desejando a aceitação daquele casal, eu expressei um dos meus descontentamentos particulares em público.

Imediatamente, eu sabia que havia cometido um enorme erro. Sabendo que olhares desconcertantes se cruzavam à mesa, os sorrisos educados confirmaram minha humilhação enquanto o nó no meu estômago ficava mais forte. O pior de tudo foi que o olhar no rosto de Robert mostrava sua desolação. Minha própria consciência me condenou... Eu havia difamado meu marido a fim de fazer com que eu parecesse e me sentisse melhor.

Depois, enquanto eu estava ajudando a esposa do pastor na cozinha, ela me ofereceu palavras de conselho que mudaram o meu jeito de ser com o marido. Ela disse delicadamente: "Debbie, todo homem deve ser o rei em sua própria casa. Se o Robert não for o rei na casa de vocês, então onde ele será?"

A sábia admoestação dela soava verdadeira ao meu coração. Mesmo infeliz em meu casamento, lá no fundo eu sabia que Robert precisava ser honrado e respeitado. O que eu não sabia era que a honra era a chave para o coração do meu marido. Esqueça o velho ditado que diz: "O caminho para o coração de um homem passa pelo estômago". Meu repertório completo de culinária cabe numa folhinha de *post-it*, então eu teria pouca esperança de ganhar o coração do meu marido se esse ditado fosse verdade! Mas eu possuo o coração do meu marido sim, porque a honra se tornou o imã que tem atraído o Robert a mim constantemente por vinte e seis anos.

Talvez você esteja pensando: "Sim, Debbie, isso é fácil para você. Robert é um bom marido, merecedor de respeito. Eu sou casada com um tolo que me trata muito mal. Você não pode esperar que eu honre isso!" Querida irmã, nenhum homem é perfeito, e nenhum além de Jesus merece respeito constantemente. Seja lá como seu marido age, é seu privilégio e sua responsabilidade responder a ele com honra.

Jesus era um homem, e como tal, Ele era comovido por honra e respeito. Em Mateus 13, aprendemos que depois de Jesus já haver ministrado em toda a Judéia, Ele voltou para o Seu próprio país e para o Seu próprio povo. Ele ensinava na sinagoga com grande sabedoria, tão extraordinariamente que o povo de Nazaré começou a questionar a capacidade Dele. Como Jesus, o filho do carpinteiro, podia falar com tamanha autoridade? Essas pessoas, Seus amigos, Sua família e Seus vizinhos trataram o ministério Dele com descrédito. Jesus respondeu:

> *Só em sua própria terra e em sua própria casa é que um profeta não tem honra.*
>
> *Mateus 13:57*

Até mesmo Jesus, o único homem perfeito que já pisou na Terra, foi desdenhado por Sua família e Seus amigos, provando que a familiaridade gera desrespeito. Como resultado, Mateus 13:58 nos diz que Ele *"não realizou muitos milagres ali, por causa da incredulidade deles."*

Eu acho incrível que Jesus, a Palavra de Deus quem chamou o mundo à existência e veio à Terra na forma humana, tenha sido impedido pela descrença. Certamente não Lhe faltava a capacidade de fazer milagres, mas Lhe faltavam os meios. Deus sempre trabalha através da fé, então a incredulidade daqueles próximos a Jesus fez com que eles perdessem as maravilhas de Deus. A falta de fé deles ficou evidente na sua recusa de honrar a Jesus. Para mim, isso sugere que existe poder na honra! Se a recusa deles de honrar a Jesus se tornou um impedimento para Ele, será que a nossa recusa de honrar nossos maridos não seria um impedimento para eles também? Se escolhermos honrar nossos maridos, será que poderemos estar levando-os a fazer coisas incríveis?

Minha jornada como esposa e meu testemunho da graciosa paciência de Deus em me ensinar a ser uma esposa respondem: "Sim!" Efésios 5:33 diz às esposas para respeitarem seus maridos. Deus não nos dá tarefas impossíveis de obedecer só para ficar assistindo enquanto sofremos. Ele sabe como nossos maridos são porque Ele é Aquele quem os conectou. Uma forma como os homens refletem a imagem de Deus é através da maneira como respondem à honra. O respeito que somos ordenadas a dar aos nossos maridos é o primeiro passo que podemos dar em direção ao casamento abençoado que Deus nos chamou para viver. Eu garanto a você que você ficará maravilhada com a mudança em seu marido quando você começar a honrá-lo.

APRENDENDO A HONRAR

De acordo com o dicionário *Nelson's Illustrated Bible Dictionary*, a palavra "honra" é sinônima das palavras "estima" e "respeito"[2]. A enciclopédia bíblica *The International Standard Bible Encyclopedia* explica que "respeito" é um verbo que insinua "erguer o rosto"[3]. Eu amo essa definição porque ela lembra que a minha abordagem res-

---

[2] *Biblesoft's Nelson's Illustrated Bible Dictionary*. CD-ROM. Biblesoft and Thomas Nelson Publishers, 2004.

[3] *Biblesoft's The International Standard Bible Encyclopedia*. CD-ROM. Biblesoft and Hendrickson Publishers, 2004.

peitosa em relação ao meu marido pode levantar seu rosto abatido. Deus tem me dado essa maravilhosa habilidade de poder encorajar e fortalecer o Robert. Quando ele está com medo ou sente vergonha, Deus usa a minha atitude de reverência a ele para erguer sua cabeça.

De acordo com a enciclopédia *McClintock and Strong Encyclopedia*, "...a honra se encontra no juízo do raciocínio"[4]. Em outras palavras, a verdadeira honra começa na mente e é formada por nossas respostas às ações de nossos maridos. Permita-me apresentar duas situações comuns para ajudar a ilustrar este ponto.

Um quarteto de senhoras da liga de tênis sentam num restaurante luxuoso, tomam *drinks* e pedem entradas de um cardápio de preços escandalosamente caros. Adornadas com diamantes e a última moda da Nike, cada uma tenta superar a outra com relatos de sua mais nova compra de móveis ou de suas últimas viagens pelo mundo. Logo, o assunto da conversa muda para os homens de suas vidas. Ao invés de elogiarem e reconhecerem o trabalho duro de seus maridos que torna aquela vida luxuosa possível, elas continuam a atacá-los por serem tão insensíveis, ou feios, ou ausentes.

Um pouco mais à frente na mesma rua, outras quatro mulheres se reúnem numa sala de repouso para tomar café e bater papo. Não demora muito para que uma delas conte uma história desconcertante sobre a recente derrota de seu marido no trabalho. Tentando superar essa história, outra mulher fala sobre as deficiências de seu marido; e a competição continua em volta da mesa... quem tem o pior marido? Até mesmo os bons são massacrados!

Quando nós como esposas escolhemos criticar cada passo de nossos maridos, roubamos deles o respeito que precisam para serem bem-sucedidos. Em seu livro *Marriage on the Rock* (Casamento sobre a Rocha), Jimmy Evans explica que a honra é a necessidade

---

[4] *Biblesoft's McClintock and Strong Encyclopedia.* CD-ROM. Biblesoft, 2000.

número um do homem[5]. Na verdade, ela é tão dominante que os homens serão naturalmente atraídos a qualquer lugar onde ela for suprida. Se forem elogiados no campo de golfe, eles irão jogar golfe todo fim de semana. Se forem respeitados no trabalho, irão trabalhar muitas horas extras. Se forem honrados na lanchonete do bairro pela garçonete que sempre lhes dá prioridade, eles irão frequentar aquela loja toda manhã. Ele é *seu* marido; não permita que as necessidades dele sejam supridas por outra pessoa.

Se você enxergar como a sua atitude desrespeitosa está prejudicando o seu casamento e impedindo o seu marido de se tornar o homem que Deus quer que ele seja, você saberá que precisa mudar. Mas como? Novamente, uma atitude honrosa começa com um coração honroso. Você tem que reconhecer que o seu marido merece honra, primeiro devido à posição dele, segundo devido ao desempenho dele, e terceiro porque a sua honra providencial pode liberar um poder criativo na vida do seu marido.

Primeiramente, você tem que reconhecer que seu marido foi um presente de Deus para você e que ele é o cabeça do seu lar. Presidentes e reis recebem honra só porque estão numa posição de honra. Deus quer ser louvado porque Ele é Deus, não só porque Ele faz coisas boas. Da mesma forma, seu marido foi colocado numa posição de honra no seu lar. Isso exige respeito. Ele pode não ser um presidente, um rei, nem Jesus, mas seu status dentro de casa é merecedor de honra.

Segundo, seu marido merece respeito por seu trabalho duro. Os atletas competem por uma medalha de ouro. Os alunos concorrem pela distinção de ser o orador da turma na formatura. Os escritores anseiam pelo reconhecimento do Prêmio Nobel. Faz parte da natureza humana desejar elogio por um trabalho bem feito. Qualquer homem que vai para o trabalho todos os dias é digno de

---

[5] Jimmy Evans, *Marriage on the Rock* (Dallas, TX: Marriage Today, 1994).

honra em sua casa. Ele não tem que ser o funcionário do mês ou ser promovido para ganhar o respeito de sua família. O próprio ato de ir dia após dia para o trabalho onde ele é provavelmente pouco apreciado pelo trabalho que não gosta de fazer, mas o faz só para poder sustentar sua família é digno de muitos elogios. Seu coração grato motivará seu marido a trabalhar duro todos os dias porque ele tem orgulho do que está conquistando para sua família.

Por fim, nós devemos honrar nossos maridos por causa dos homens que eles podem se tornar. Eu chamo isso de honra providencial porque ela fala de direção divina. Deus plantou sementes de grandeza no seu marido que devem ser cuidadas e cultivadas para alcançarem maturidade. Ao respeitar o potencial dele, você cria um ventre para que os sonhos dele cresçam e venham a ter vida. Quando eu aprendi a honrar o Robert dessa forma, meu coração em relação a ele mudou completamente. Era como se eu tivesse aprendido a vê-lo por tudo que ele podia se tornar em Cristo e não só pelo que ele era no momento. A minha fé no melhor de Robert era honrosa porque eu estava concordando com Deus que ele podia se tornar um homem de Deus ainda maior. Ao concordar com Deus, um poder criativo era liberado em nosso lar. Eu acreditei no melhor para o Robert, e ele cresceu nessa honra. Ainda hoje, eu o honro pelo que ele se tornará amanhã.

Os homens precisam de respeito. Eles se alimentam disso. Eles se deleitam nisso. Apesar de nenhum homem ser perfeito, todos os maridos merecem honra pelo lugar que ocupam na família e pela provisão que oferecem. Se seu marido não está atendendo às suas expectativas, comece o elogiando pelas pequenas coisas que ele faz certo. Eu tenho aprendido que elogiar é cem vezes mais eficaz do que reclamar. Ele ignora a minha voz chorosa, mas é atraído pela minha voz apreciativa.

HONRANDO EM PALAVRA E EM AÇÃO

Após receber o encorajamento da esposa daquele pastor sobre honrar o Robert como o rei da nossa casa, comecei a imaginar como seria para mim fazer isso. Eu li no Antigo Testamento que Sara chamava Abraão de "Senhor"… mas um elogio desse não soava adequado na sociedade de hoje. Eu lembrei que na antiga cultura japonesa, as mulheres andavam atrás de seus maridos, mas, novamente, isso seria esquisito na América dos dias de hoje. Certa vez, conheci uma esposa de pastor que sempre se referia ao seu marido como "Irmão João". Bem, eu não posso nem imaginar que cara meu marido faria se eu começasse a chamá-lo de "Irmão Robert" o tempo todo! Então, como seria para *mim* honrar *meu* marido?

Nossa cultura não oferece bons exemplos para nós. Ao invés de verdadeiramente honrar nossos líderes, nós zombamos de nosso presidente. Fracas tentativas de elogio acontecem em banquetes de premiações ou em gravações em placas que são colocadas na estrutura de um edifício. Essas são tentativas passageiras de dar honra. Nossos maridos precisam de mais que isso.

Mateus 12:34-35 diz (ênfase do autor):

Raça de víboras, como podem vocês, que são maus, dizer coisas boas? Pois a boca fala do que está cheio o coração. *O homem bom do seu bom tesouro tira coisas boas, e o homem mau do seu mau tesouro tira coisas más.*

Uma vez que você tenha elevado seu marido a uma posição de honra em seu coração, aquele respeito deve naturalmente fluir em suas palavras. Porém, se por anos você o tem criticado, talvez você tenha que ser mais proposital em praticar o elogio na conversa de vocês.

Suas palavras têm a capacidade de alavancar ou diminuir o potencial do seu marido.

A língua tem poder sobre a vida e sobre a morte
Provérbios 18:21

Quantas vezes você disse coisas como: "Ele é tão tolo" ou "Ele nunca vai mudar" ou "Ele é só um traste preguiçoso que nunca me ajuda"? Eu admito, houve muitas vezes que pronunciei palavras que gostaria de ter pegado de volta no ar. Quando comecei a perceber o poder das minhas palavras, tanto para o bem quanto para o mal, eu tomei uma decisão consciente de trabalhar com Deus ao invés de contra Ele para liberar poder sobrenatural através do Robert sobre o nosso casamento e a nossa família. Vida pode fluir da sua boca para o coração do seu marido e até mesmo além para a atmosfera do seu lar.

Decidir falar palavras positivas de encorajamento sobre a vida de Robert foi a parte fácil; fazer isso na prática todos os dias provou-se ser mais difícil. Logo percebi que se meus pensamentos em relação o Robert permanecessem negativos, minhas palavras iriam imitá-los. Por muito tempo, eu mantive uma lista mental de todos os erros e culpas do Robert. Como eu poderia esperar conseguir encorajar constantemente meu marido enquanto minhas próprias opiniões sobre ele fossem cínicas?

Certo dia, escutei uma amiga explicar como ela fez com que elogiar seu marido sete vezes ao dia se tornasse uma prática. Deus me motivou a fazer o mesmo, mas eu estava pessimista porque achava que não conseguiria pensar em sete coisas por dia pelas quais elogiar o Robert. Se fossem sete reclamações, não seria problema!

Quando o meu coração finalmente se submeteu à direção de Deus, eu tentei elogiar o Robert, mas as primeiras tentativas soaram desajeitadas e falsas. Meu coração me condenava: "Hipócrita, você não acha isso!" Eu estava certa... não achava mesmo. Meu elogio era mera bajulação, e não admiração genuína. Então, eu fiz uma oração mais ou menos assim: "Deus, se o Senhor quer que eu elogie o Robert, o Senhor tem que me ajudar. Tira as escamas dos meus olhos para que eu possa vê-lo como o Senhor o vê". Essa se tornou a minha oração por semanas e meses, e após algum tempo eu comecei a enxergar o Robert de maneira diferente.

Meu elogio do meu marido se transformou de "Foi legal você não ter chutado o gato" (dito com tom sarcástico) para "Você é um provedor tão bom, e aprecio o quanto você trabalha duro" (oferecido com amor sincero). Ainda hoje eu tenho que me recusar a meditar na lista negativa. Satanás ama me perturbar com os erros do Robert numa tentativa de roubar, matar e destruir nosso casamento. Porém, eu conheço o truque dele e escolho não acreditar em suas mentiras. Eu opto pela vida no meu casamento através da honra, ao invés de optar pela morte do nosso relacionamento através da desonra. Lembre-se:

> *As armas com as quais lutamos não são humanas; ao contrário, são poderosas em Deus para destruir fortalezas. Destruímos argumentos e toda pretensão que se levanta contra o conhecimento de Deus, e levamos cativo todo pensamento, para torná-lo obediente a Cristo.*
>
> *2 Coríntios 10:4-5*

Uma vez que meu coração, minha mente e minha boca estavam caminhando juntos, honrar o Robert se tornou mais fácil. O próximo passo para respeitá-lo através das minhas ações era natural. Provérbios 31:11-12 descreve uma mulher virtuosa: *"Seu marido tem plena confiança nela e nunca lhe falta coisa alguma. Ela só lhe faz o bem, e nunca o mal, todos os dias da sua vida"*. Eu aprendi a honrar meu marido não apenas em meu coração e com as minhas palavras, mas também atendendo aos seus desejos. Quando Robert estava no trabalho, eu disciplinava nossos filhos da maneira que eu sabia que ele queria. Quando eu estava fazendo compras, eu não saía do orçamento que ele havia estabelecido para a nossa família. Em qualquer situação em que me encontrava, eu sabia que Robert queria que sua esposa se conduzisse com santidade e respeito. Eu honrava os desejos dele. Como sua esposa, eu o representava. Portanto, eu devo respeitar quem ele é atendendo aos desejos dele.

Eu criei para você uma imagem do Robert vestindo uma fantasia de anjo com uma auréola brilhante sobre a cabeça? Talvez você esteja pensando que se eu consigo ser tão generosa com elogios e tão obediente aos desejos dele, ele deve ser um santo! Bem, ele não é um santo. Robert comete sua porção de erros, mas eu aprendi que mesmo quando ele vacila, eu ainda devo honrá-lo.

Uns anos atrás, Robert e eu estávamos aconselhando um casal. Quando a esposa começou a perguntar sobre os erros do Robert, eu me recusei a satisfazer a curiosidade dela. Chateada, ela me perguntou por que eu estava acobertando o Robert. Minha resposta para ela foi: "Esse é um privilégio só meu". Eu conheço o Robert melhor do que qualquer pessoa no mundo, e eu sei que ele não é perfeito... mas é minha alegria não contar. Ao guardar as fraquezas dele entre nós dois, eu crio um porto seguro onde ele possa se refugiar. O coração do Robert confia seguramente no meu.

Um cuidado para esse conselho eu informo: se seu marido estiver envolvido em pecado grave ou em abuso, você não deve acobertá-lo. Uma atitude mais amorosa nesse caso é procurar ajuda. Eu somente sugiro acobertar as fraquezas e as deficiências dele quando elas não estão ameaçando você, ele ou qualquer outra pessoa.

Senhoras, quando Deus criou seus maridos, Ele planejou grandes coisas para eles. O seu cônjuge tem um potencial do qual nenhuma de vocês está ciente ainda. Quem sabe? Talvez seu marido tenha sido destinado a dirigir uma grande empresa ou a inventar um produto incrível, ou a servir como um ministro ungido. Talvez ele tenha sido destinado a ser um grande marido, pai e avô, que são grandes conquistas no mundo de hoje. Robert tem alcançado grande sucesso como pastor, autor, e palestrante; mas seus maiores títulos são "marido dedicado" e "pai maravilhoso". Se ninguém conhecesse o nome dele, ele ainda seria famoso para sua família. Seu marido talvez nunca tenha um emprego de alto perfil, mas se ele tiver sucesso em casa, ele provará ser grande no Reino de Deus.

Você pode ter certeza de que Deus plantou sementes de grandeza em seu marido. Sua tarefa é cultivar essas sementes através da honra e do respeito. Ao elogiar o trabalho duro hoje e encorajar saltos de fé para amanhã, você concede bênçãos nele que irão impulsioná-lo à grandeza que Deus planejou para ele desde o início.

Quando Robert e eu éramos recém-casados, eu tinha um apreço pela virtude de sabedoria. Provérbios 3:13-14 diz:

Como é feliz o homem que acha a sabedoria, o homem que obtém entendimento, pois a sabedoria é mais proveitosa do que a prata e rende mais do que o ouro.

Eu fiquei tão impressionada com o valor da sabedoria que comecei a pedir a Deus que concedesse a Robert sabedoria além de sua idade. Ainda mais, comecei a reconhecer as decisões sábias que Robert estava tomando como um jovem homem em seus vinte e poucos anos. Hoje, um comentário frequente que as pessoas fazem sobre o Robert é que ele é sábio demais para sua idade. Isso me faz sorrir, pois, apesar de eu não ter sido quem o tornou sábio, eu tive uma participação nisso ao concordar com o que Deus queria que ele se tornasse.

Elogios, aplauso, aprovação, apreço... seu marido precisa dessas coisas de você. É a maior necessidade emocional dele, e ele não será bem-sucedido a menos que essa necessidade seja suprida. Sim, será difícil fazer isso no começo, mas lembre-se do que falamos no início do livro. Você não está num relacionamento contratual com o seu marido, protegendo seus direitos e limitando as suas responsabilidades. Você está num relacionamento de aliança, o que significa que você abre mão dos seus direitos e assume a responsabilidade de amar seu marido. Amar seu marido é soletrado assim: r-e-s-p-e-i-t-o.

ORDEM AO INVÉS DE CAOS

Lembra-se da antiga série da televisão norte-americana chamado *Tudo em Família*? Archie Bunker era certamente o rei de sua casa, mas Edith não era nenhuma rainha. Ela era mais como uma empregada dele, correndo pra lá e pra cá, satisfazendo todo capricho dele. "Sim, Archie" era a única resposta aceitável vinda de Edith, e "Mas, Archie" era raramente tolerada.

Você pensa na Edith Bunker quando ouve a palavra "submeter"? Você provavelmente jurou nunca ser como Edith, e então prometeu a si mesma que nunca iria se submeter. "Submissão" nos faz pensar em "obediência", e isso não agrada exatamente às nossas vontades. Como mulheres, queremos mandar na nossa própria vida e em nosso próprio lar; portanto, entramos em guerra contra qualquer um ou qualquer coisa que ameace nosso regime.

Submissão é um conceito tão odiado pelas mulheres porque tem sido mal compreendido. Eu proponho uma mudança de palavra. Ao invés de submissão, vamos usar a palavra "gasto". Ela é menos ameaçadora, não é? "Gasto" me faz pensar num saldo infinito nos meus cartões de crédito e possibilidades ilimitadas. Então, o que eu sugiro que você faça é gastar... gaste sua vida pelo seu marido. Tudo bem, eu dei uma volta aqui. Porém, realmente, submeter-se ao seu marido é como renunciar aos seus direitos e exigências e, em vez disso, gastar-se por ele.

Como esposas, nós temos instruções claras a partir da Palavra de Deus para nos submetermos. Tanto Colossenses 3:18 quanto Efésios 5:22, nos dizem para nos submetermos aos nossos maridos como ao Senhor. Você está se contorcendo aí no seu assento? Por que Deus iria querer que nós nos submetêssemos? Há uma resposta muito simples para essa pergunta: Deus quer que nos submetamos porque Ele é um Deus de ordem.

Quando Deus criou o universo, Ele estabeleceu ordem num planeta que estava sem forma e vazio (Gn 1:2). Ele determinou que o sol governa o dia e a lua governa a noite. Quando Ele fez isso, disse que ficou bom (Gn 1:17-18). Onde antes reinava o caos, Deus declarou harmonia.

Depois que Eva comeu do fruto proibido, Deus falou com ela e disse: *"Multiplicarei grandemente o seu sofrimento na gravidez; com sofrimento você dará à luz filhos. Seu desejo será para o seu marido, e ele a dominará"* (Gn 3:16-17, ênfase do autor). Da mesma forma, que Deus proclamou ordem sobre o dia e a noite, Ele a proclamou sobre a família.

Você já tentou reorganizar o padrão do dia e da noite? Eu já, quando quis algumas horas a mais de sono ou algumas horas a mais do dia para fazer as coisas. Mas não importa o tanto que eu tente, eu não posso impedir o sol ou a lua de nascerem. Por que não? Porque existe uma ordem universal atuando.

A propensão de Deus por ordem também pode ser vista na lei que Ele deu a Israel através de Moisés. Havia uma maneira específica como Ele queria que aquela sociedade funcionasse. Mais tarde, Deus também instruiu Moisés sobre como construir o tabernáculo. Ele lhe deu instruções bastante detalhadas a serem seguidas durante a construção de Sua casa. Depois que Jesus ascendeu ao Céu e o Espírito Santo veio, a Igreja tomou forma. Deus falou através dos apóstolos, novamente instituindo ordem para que o corpo de Cristo pudesse ser um vaso funcional através do qual Ele pudesse trabalhar. Deus é um Deus de ordem, sempre organizando aquilo que de outra forma seria um caos.

Deus estabeleceu a ordem familiar, e Ele fez isso porque queria que florescêssemos em lares funcionais que pudessem servir de meio para Lhe dar glória. Quando o pecado entrou no mundo, o caos também entrou. Sem uma ordem a ser respeitada, o caos reinaria em nossos lares no lugar da harmonia. Deixe-me perguntar a você, será que a desordem na sua família pode derivar de uma recusa a obedecer à ordem natural que Deus estabeleceu no seu casamento?

Irmã, ao se render à submissão, você não está aceitando ser um capacho. Lembre-se, o casamento é a imagem da Trindade. Assim como Deus Pai é o cabeça sobre Seus parceiros equivalentes, Cristo e o Espírito Santo, assim também o seu marido é o cabeça sobre você. Ele é a sua fonte, o seu líder. Você não é inferior a ele; você é valiosa porque você também carrega a imagem de Deus. Na organização do casamento você simplesmente possui uma função diferente da do seu marido. (Falaremos mais sobre o seu papel fundamental no capítulo oito).

Se até agora no seu casamento, você tem convivido com os costumes do seu marido com um coração relutante, você tem sido uma esposa obediente, mas não submissa. A obediência é o que esperamos de nossos filhos; não é como você deve responder ao seu marido. A submissão flui a partir de um coração disposto, rendendo o seu desejo mesmo quando você não concorda nem entende as decisões do seu marido. Quando você escolhe se submeter à opinião e à liderança do seu marido, você apresenta uma imagem de Cristo ao mundo. Jesus sempre fazia as coisas de acordo com a maneira do Pai, mesmo que fosse a maneira mais difícil. Essa foi uma maneira como Jesus nos ensinou a honrar a Deus.

Uma das lições mais importantes que eu aprendi sobre submissão que tem mantido meu coração focado e puro é tornar as decisões do Robert as minhas decisões. Quando há uma questão a ser resolvida em nossa vida familiar, Robert ora, pede o meu conselho, e então toma a decisão. Ele nem sempre faz o que eu acho que ele deveria fazer. Porém, mesmo quando ele não faz, eu caminho ao lado dele, apoiando totalmente sua escolha. Na maioria das vezes, as coisas se saem bem, e permaneço ao lado dele com orgulho. Mas nas vezes em que ele nos guiou para o caminho errado, eu não o culpei nem me fiz de vítima. Fiquei ao lado dele, encorajando-o e enfrentando as consequências junto com ele.

A submissão pode ser uma decisão assustadora, especialmente se seu marido não é aquele que realmente busca a direção de Deus. Permita-me direcionar você a mais duas ordens da Palavra de Deus: Acima de tudo, submeta-se a Deus (Tiago 4:7), e confie somente Nele (Provérbios 3:5). Se o seu marido não merece a sua submissão, Deus estará lá para cuidar de você. Se eu me submeto ao Senhor ao me submeter ao meu marido, então eu posso confiantemente pedir a Deus para mover ao meu favor. Quando a tomada de decisões do seu marido assusta você, submeta-se e ore. No Capítulo 8, eu compartilharei mais sobre como aprendi a recorrer a Deus quando fico preocupada com as decisões do Robert. Há uma forma de abordar seu marido com as suas preocupações de maneira submissiva. Porém, sua primeira ação deve sempre ser levar seu caso ao Senhor. E acima de todas as coisas, permita que Ele trabalhe ao seu favor.

Você conhece o livro de Ester? Ele fala sobre duas rainhas casadas com o mesmo rei em tempos diferentes. A Rainha Vasti, a primeira esposa do rei, escolheu desonrar seu marido ao se recusar a se submeter ao desejo dele de que ela comparecesse à sua celebração. Não sabemos por que ela tomou uma decisão tão tola; talvez o rei merecesse o desprezo dela. Seja lá qual fosse sua justificativa, ela sofreu as consequências de desrespeitar seu marido quando ele a baniu de sua presença para sempre.

A Rainha Ester tomou o lugar de Vasti no palácio e sem dúvida aprendeu com o erro de Vasti. Quando Ester descobriu o plano de destruir seu povo, os judeus, ela foi forçada a considerar o que deveria fazer para salvá-los. Sendo rainha, ela podia exercer influência sobre o rei; porém, ela sabia que não podia pedir uma audiência com ele e depois lhe dar ordens... sua antecessora vivia em exílio por ter cometido esse erro. Através de jejum e oração, Ester decidiu honrar o rei com banquetes e esperar pela hora certa de pedir seu favor. A abordagem humilde dela, com respeito e reverência, agradou ao rei e ele concedeu o pedido dela. Toda a nação judaica foi salva por causa da fé de Ester em Deus e sua abordagem respeitosa ao seu marido.

Ester pode ser um modelo para nós como esposas, não só porque ela obedeceu a Deus ao honrar seu marido, mas também porque Deus a usou para Seus grandes propósitos devido ao espírito respeitoso dela.

Se você se sente como uma Rainha Vasti, trancada do lado de fora dos pensamentos do seu marido, ansiando pela intimidade que vocês um dia compartilharam, eu a encorajo a mudar seu jeito de agir com ele. Comece a honrá-lo agora, a cada oportunidade. Faça uma lista das grandes qualidades dele. Reflita sobre tudo que ele está fazendo certo, e então procure maneiras de mostrar o orgulho que você tem dele. Você ficará impressionada com como ele será atraído a você.

Trate seu marido como um rei, o rei do seu lar. Ele será atraído àquele trono de honra e provavelmente começará a tratá-la como a rainha que você é também.

CAPÍTULO SETE

Sexo: O Presente de Deus para o Casamento

Sentada à mesa com uma mulher que chamarei de Sharon, eu tentei não parecer surpresa quando ela revelou sua vida de casada para mim em tom sussurrado. Sharon, uma mulher alegre e inteligente, havia vindo até mim após três anos de casamento buscando conselho conjugal. Ao concordar em encontrá-la num restaurante em Dallas, eu orei e pedi a Deus que me desse sabedoria, sem esperar que os problemas dela fossem diferentes dos de qualquer outra mulher que eu já tivesse aconselhado.

Quando ela começou a compartilhar comigo, descobri que ela e seu marido Manuel eram bem amáveis e cordiais um com o outro. Ele era um ótimo pai, e eles não estavam endividados. Pelo o que eu pude ver, eles estavam lidando com a vida de casados muito bem. Sabendo que ela havia me procurado porque eles estavam tendo dificuldades, eu esperei pacientemente para que a conversa se focasse na área de preocupação. Eu não estava preparada para o que Sharon revelou a mim. Ela me disse que havia uma falta de intimidade no relacionamento deles por mais de dois anos.

Sharon ficou grávida quando era recém-casada. Houve complicações na gravidez, e o médico recomendou que eles suspendessem a relação sexual. Após um parto árduo, o jovem casal focou sua atenção e sua energia em cuidar do recém-nascido. Os meses se passaram e a intimidade nunca retornou. Eles conseguiram permanecer agradáveis e atenciosos em suas interações, mas nunca se abraçavam, davam as mãos, se beijavam, ou faziam sexo. Eles haviam se tornado colegas de quarto, dividindo as responsabilidades da casa, compartilhando uma cama, mas sem se entregar fisicamente um ao outro.

A revelação mais chocante na minha conversa com a Sharon foi quando ela me disse que nem ela nem o Manuel achavam que essa falta de intimidade era estranha. Eu fiquei perplexa com o entendimento deles sobre casamento e fiquei confusa sobre o porquê de Sharon me convidar para almoçar. Se eles mantinham um relacionamento civil e estavam contentes em não fazer sexo, eu perguntei a ela qual era o problema no casamento deles. Ela me disse que temia que Manuel estivesse interessado por outra pessoa.

As suspeitas de Sharon acabaram por estar certas. Manuel estava se envolvendo com uma mulher de seu escritório que havia começado a trabalhar com ele seis meses antes daquele almoço que eu tive com Sharon. Apesar de Manuel poder ter dito à sua esposa que não precisava de sexo para permanecer satisfeito em seu casamento, as ações dele traíam suas palavras. Ele corria para os braços de uma mulher que satisfazia sua necessidade de intimidade sexual, pois isso não estava sendo suprido em casa.

A intimidade sexual exerce um papel fundamental num casamento saudável. Como mulheres, nós muitas vezes minimizamos a importância do sexo em nosso relacionamento com nosso marido. O especialista em casamento Jimmy Evans, informando numa pesquisa, revelou uma verdade surpreendente sobre as visões dos homens e das mulheres sobre o casamento.[6] Quando foi pedido que listassem suas prioridades, as mulheres colocaram o sexo na décima terceira posição, logo após a jardinagem. Os homens, por outro lado, o colocaram na segunda posição. A honra é a maior necessidade deles; e o sexo é a segunda maior.

Você é o presente de Deus para o seu marido. Ele a equipou com tudo que você precisa para suprir as necessidades dele. Assim como

---

[6] Jimmy Evans, *Marriage on the Rock* (Dallas, TX: Marriage Today, 1994).

você deve honrá-lo e respeitá-lo, você também deve buscar suprir a necessidade física dele por sexo. Apesar de as mulheres reclamarem tanto sobre sexo, eu sempre fico surpresa de ouvir mulheres divorciadas e viúvas sofrerem porque sentem falta de ter intimidade com seus maridos. Você tem necessidade por carinho, não sexual e sexual, e você quer que seu marido supra essa necessidade. Nada mais justo do que tentar compreender a ânsia de nossos maridos por sexo.

SEXO: PRESENTE DE DEUS PARA A HUMANIDADE

Um talentoso mecânico de automóveis havia sustentado e cuidado de seus filhos por mais de vinte anos. Nenhum pai poderia ter amado mais seus filhos; eles eram o prazer e a alegria dele. Quando eles cresceram, começaram a namorar e a serem levados aos seus próprios casamentos. Esse pai compromissado queria dar a cada filho um presente especial que pudessem estimar e desfrutar quando iniciassem suas próprias famílias. Como ele tinha habilidade com carros, ele decidiu montar para cada um deles um automóvel personalizado que pudessem usar e apreciar durante os anos futuros.

Esse pai gastou inúmeras horas e investiu milhares de dólares em cada carro, criando-os especialmente para agradar cada filho. O filho mais velho foi o primeiro a casar. No dia de seu casamento, o pai revelou o carro com um grande laço vermelho. Seu coração explodia de orgulho e alegria ao imaginar seu filho dirigindo pela estrada, sua nova esposa encostada juntinho a ele, o capô abaixado e o vento soprando pelos seus cabelos. Que alegria eles teriam com esse presente!

Imagina o desespero do pai quando soube que seu filho havia trocado o carro por uma caminhonete de trabalho. "Pai", o filho se defendeu, "não é que eu não tenha gostado do carro. É que eu precisava de algo mais prático para o meu trabalho".

De coração partido, o pai voltou a terminar o carro no qual estava trabalhando para sua filha. No dia do casamento dela, as expectativas dele estavam altas novamente ao apresentar sua obra de arte à sua preciosa garotinha. Ela e seu marido poderiam ter finais de semana de lazer juntos em seu carro esportivo, e seriam invejados por todos os amigos.

Infelizmente, novamente o pai ficou arrasado quando visitou sua filha e seu genro após seis meses e descobriu que o carro nunca tinha saído da garagem. "Pai", a jovem moça explicou, "é que o carro é bom demais. O ônibus passa perto de casa, então eu o pego para ir trabalhar todos os dias. Talvez quando surgir uma ocasião especial, nós o usaremos".

Senhoras, nosso Pai celestial criou um presente especial para cada um de Seus filhos casados também. Muitos homens trocam seu lindo presente por algo que acaba sendo uma velha caminhonete de trabalho, e muitas mulheres deixam seu lindo presente de Deus na garagem e nunca o aproveitam. Apesar de ter sido criado para propósitos práticos, também é destinado para o prazer. Deus quer que nós tenhamos prazer com nosso cônjuge, aproveitando o sexo como um presente luxuoso.

É uma surpresa para você que Deus queira que você se divirta e se deleita com sexo? Pode soar irreverente porque muitas pessoas veem Deus como uma divindade antiquada, sem emoções e distante que criou o homem e a mulher, mas nunca planejou que eles descobrissem o sexo. Querida irmã, eu oro para que você permita que Deus lhe mostre quem Ele realmente é. Nosso Pai é um ser apaixonado. Ele criou o romance e a intimidade e se alegra quando nos deleitamos nelas, pois Ele também se deleita nelas.

Como seria a sua vida sexual se você a executasse à moda de Deus? Você acha que seria excitante ou chata? A sociedade louca por sexo em que vivemos quer que você acredite na distorção perversa do que é uma vida sexual prazerosa, mas poderíamos aprender mais se voltássemos ao Jardim do Éden para ver como ela devia ser antes de o pecado distorcer o plano de Deus.

Antes da queda de Adão, Adão e Eva viviam nus e sem vergonha. Sem o egoísmo para derrubá-los, eles eram completamente sensíveis e atentos um ao outro. Quando eles se uniam fisicamente, era uma expressão natural de seu profundo amor. Nenhum dos dois usava o outro para satisfazer suas próprias necessidades. A motivação deles era sempre agradar a outra pessoa. Imagine como eles deviam se dar ao outro apaixonadamente e exaustivamente. O sexo era gratificante para os dois porque cada um buscava suprir a necessidade do outro.

Outro lugar na Bíblia em que podemos dar uma olhada para descobrir o coração de Deus em relação ao sexo dentro do casamento é Cânticos de Salomão. Se você nunca leu nem estudou esse livro, eu a encorajo fortemente a fazer isso. Ele conta a história de um casal ardentemente apaixonado e suas experiências com romance e sexo; sim, Deus colocou esse livro na Bíblia! No início do livro, lemos:

Ah, se ele me beijasse, se a sua boca me cobrisse de beijos...
Sim, as suas carícias são mais agradáveis que o vinho.
A fragrância dos seus perfumes é suave;
O seu nome é como perfume derramado.
Não é à toa que as jovens o amam!
Leve-me com você!

Cânticos 1:2-4

Se você ler o restante da história, você verá o quão apaixonado Deus pode ser.

Deus criou os maridos e as esposas para serem amantes. Ele quer que vocês fiquem excitados um com o outro. Apesar de seu marido talvez precisar mais de sexo, o sexo foi criado para o seu prazer também. Deus deu a você cinco sentidos com os quais aproveitar o mundo a sua volta. Pense em como você tem prazer na criação de Deus: assistindo ao nascer do sol, acariciando um gatinho, sentindo o cheiro da chuva, ouvindo o barulho das ondas batendo no mar, e comendo frutas frescas. Deus nos criou com os sentidos que precisamos para verdadeiramente aproveitar Sua criação. Amigas, o sexo é mais um dos presentes de Deus que devemos experimentar totalmente e aproveitar através dos nossos sentidos.

Ele me levou ao salão de banquetes,
E o seu estandarte sobre mim é o amor.
Por favor, sustentem-me com passas,
Revigorem-me com maçãs,
Pois estou doente de amor.
O seu braço esquerdo esteja debaixo da minha cabeça, e o seu
braço direito me abrace.

Cânticos 2:4-6

Você vê como o paladar e o tato fazem parte da busca apaixonada desse jovem casal por intimidade? Foi assim que Deus planejou que fosse. A Bíblia nos diz: *"O casamento deve ser honrado por todos; o leito conjugal, conservado puro"* (Hb 13:4). O sexo é um ato santo, e incorporar todos os seus sentidos ao leito conjugal é o que torna a experiência saudável e gratificante. Pode soar estranho dizer que o sexo é santo, mas isso é porque a nossa cultura tem roubado a nossa inocência e tem barateado o presente que Deus planejou que o sexo fosse.

Eu me lembro de quando ouvi e entendi pela primeira vez essa passagem de Hebreus. Nosso pastor na época, Olen Griffing, o citou, e eu fui atingida pela verdade contida nele. Pela primeira vez na minha vida, eu vi o sexo como um ato moralmente correto com o qual Deus se agradava. Num instante, mentiras sobre o sexo em que eu havia acreditado foram expostas, e eu fui liberta da prisão delas. Eu fui liberada para explorar esse presente e descobrir tudo o que ele foi destinado a ser.

A intimidade sexual faz parte de refletir a Deus. Quando nos unimos sem egoísmo, doando-nos completamente para servir ao nosso cônjuge, nos parecemos com Jesus como um servo altruísta. Quando nos unimos apaixonadamente, refletimos a imagem de amor de nosso Pai apresentada em Cânticos de Salomão. Quando nos unimos vulneravelmente, compartilhando intimidades que são somente nossas, demonstramos a vontade do Espírito Santo de nos revelar a divindade sem vergonha alguma. O sexo é algo belo e deve ser abraçado tanto pelo marido quanto pela esposa. Quando se entregar à intimidade física, você ficará surpresa com o que essa intimidade compartilhada pode devolver.

INTIMIDADE QUE COMUNICA

Seu marido tem uma necessidade legítima por sexo. Você tem uma necessidade legítima por comunicação. Você sabia que pode usar um para alcançar o outro? Se você já tentou de tudo que conhece para colocar juízo na cabeça do seu marido, considere o que uma vida sexual ativa ia comunicar a ele.

Antes de tudo, quando você dá prioridade à sua vida sexual, você está dizendo ao seu marido que as necessidades dele são importantes para você. Ele sabe que as necessidades dele são importantes para você ou ele apenas sabe que as suas necessidades são importantes para você?

Outra mensagem que é compreendida em alto e bom som através de uma vida sexual saudável é a aceitação. A expressão vulnerável do sexo grita a sua aprovação da masculinidade dele. Quando você se recusa a fazer sexo noite após noite, você não está recusando apenas o sexo, você está rejeitando o seu marido. Ele não se sente desejado nem amado por você quando você o rejeita continuamente.

O sexo para o seu marido é uma expressão da masculinidade dele. O Dr. Gary Rosberg explica que "Um homem encontra muito de sua própria masculinidade em sua sexualidade. Isso faz parte da nossa masculinidade; não podemos apagá-la... não menos que 50 por cento e até 90 por cento da autoimagem de um homem está vinculada à sua sexualidade".[7] Ao aceitá-lo na cama, você está dizendo que ele é capaz de satisfazer você e de cuidar de você. Uma vez que ele é convencido da sua fé nele, ele ficará mais propenso a ter atitudes em outros lugares sem ser o quarto. A expressão do seu

---

[7] Gary and Barbara Rosberg. *The Five Love Needs of Men and Women* (Colorado Springs, CO: Alive Communications, 2000).

amor dará a ele a confiança que ele precisa para ser um marido e um pai devoto assim como a coragem que ele precisa para viver a vida que Deus o chamou para viver aventureiramente.

Jack Hayford explica em seu livro *Sex and the Single Soul*[8]:

> Eu descobri que onde existe uma falha na comunicação de um casal, isso quase sempre se origina de alguma forma da falta de um relacionamento sexual mutuamente satisfatório. A intimidade das relações sexuais de um marido e uma esposa – um ato de autoexposição, de entrega mútua e de doação não egoísta – é o coração do relacionamento conjugal.

Se a comunicação é um problema entre você e seu marido, não simplesmente espere que ele converse mais com você. Converse você mesmo com ele através do sexo.

Um relacionamento sexual saudável é importante para um relacionamento conjugal saudável. Há perigos em ignorar os aspectos físicos do seu casamento. Seu marido certamente se sentirá rejeitado e talvez até caia na tentação do adultério numa tentativa de ter sua necessidade suprida. Manter uma vida sexual animada mantém os olhos e o coração dele voltados para você e promove uma atmosfera para uma comunicação saudável dentro do lar.

VENCENDO OS OBSTÁCULOS

Talvez você tenha lido até aqui e esteja desconfortável porque não importa o quanto eu diga que o sexo é importante, mesmo assim você não quer torná-lo uma prioridade. Amiga, seus sentimentos são compreensíveis. Você não está sozinha em seu desconforto ou até desgosto pela intimidade física. Satanás tem feito um excelente

---

[8] Jack W. Hayford, *Sex and the Single Soul*. (Ventura, CA: Regal Books, 2005).

trabalho de construir muros entre as mulheres e seus maridos com o propósito de obstruir a intimidade sexual. O inimigo sabe o quanto o sexo é importante para o casamento e, portanto, irá fazer de tudo para nos manter longe de uma vida sexual saudável.

O engano sempre foi o maior aliado de satanás... foi daí que ele recebeu o nome de "pai da mentira". Usando essa ferramenta esperta, ele tem convencido a nossa cultura de um monte de mentiras sobre o sexo. Só para citar algumas: "Sexo fora do casamento é divertido e excitante". "Seu valor é determinado pelo quanto você é sexy". "Você não é sexy se não tem um corpo de supermodelo". "Se você é cristão, o sexo deve ser chato e sem vida". Ludibriados pelo engano, muitos de nós têm chegado a acreditar que devemos cumprir nossa obrigação conjugal simplesmente se conformando e suportando.

Minha amada, mentiram para você. Não deixe que esse mundo ou o diabo diga a você como o sexo deve ser. Pare de se comparar com as modelos das revistas e as estrelas das novelas. Você foi criada perfeitamente imperfeita – perfeito porque a criação de Deus é impecável, e imperfeita porque você possui uma natureza pecaminosa. Todos nós somos perfeitamente imperfeitos. Você, entretanto, é a escolhida de Deus para o seu marido. Recuse-se a se comparar às expectativas irreais do mundo e, ao invés disso, se esforce para satisfazer o padrão de Deus de uma mulher virtuosa.

Satanás também ama mentir para você sobre o seu marido. Se você escolher ouvir as histórias fictícias que o inimigo cria, você cairá bem nas mãos dele e longe do abraço do seu cônjuge. Quando ele ostentar as falhas e as deficiências do seu marido diante de você, escolha perdoar e dar graça. Você já notou que seu marido parece menos e menos atraente quanto mais chega perto da hora de ir para a cama? Isso é obra de satanás. Ele ama iniciar uma briga logo antes de vocês irem para a cama. Se ele conseguir fazer você ficar irritada com o seu marido, ele sabe que não haverá intimidade, e a trama dele de destruir seu casamento continua.

Satanás usa mentiras para manter você longe do sexo porque ele sabe que a sua mente é o órgão sexual mais importante do seu corpo.

"A mente é o centro de comando para todas as emoções sexuais. É o congresso que governa seu estado sexual. É o depósito para cada pensamento sexual que você já teve".[9] Se satanás conseguir distrair a sua mente e prejudicar os seus pensamentos contra o seu marido, ele terá conseguido fazer você cair na armadilha do egoísmo.

Assim como a escuridão é expelida pela luz, o engano é exposto pela verdade. Não existe poder numa mentira quando a verdade é reconhecida. Se você quiser frustrar os ataques de satanás sobre o seu casamento, você tem que começar lutando no campo de batalha da sua mente. Você tem que levar todo pensamento cativo e determinar se ele é verdadeiro ou falso. Peça ao Espírito Santo para lhe mostrar a verdade sobre você mesmo, o seu marido, e sobre o sexo. Avaliar a nós mesmos à luz da verdade é o único caminho para fora do labirinto sombrio do engano e para o caminho reto em direção à intimidade.

Mais importante, você tem que estar ciente de que o engano não é a única arma de satanás, especialmente quando você começar a pegá-lo em suas mentiras. Ele tem todo um arsenal do qual escolher, e ele virá até você de todas as direções quando você decidir enfrentá-lo.

Um dos obstáculos mais comuns de uma vida sexual vibrante nos lares norte-americanos é o cansaço. Em nossa sociedade sempre ocupada, nós temos dificuldade de dormir o bastante. Quem tem tempo para o sexo? Uma pesquisa recente revelou que 75 por cento das pessoas sofrem de problemas de sono como insônia, inquietação, ronco e fadiga. Apesar de os especialistas recomendarem de sete a nove horas de sono por noite para um estilo de vida saudável, os americanos dormem em média apenas 6,9 horas.[10]

---

[9] Linda Dillow and Lorraine Pintus. *Intimate Issues*. (Colorado Springs, CO: WaterBrook Press, 1999).

[10] WB&A Market Research survey, "Survey for the National Sleep Foundation," March 2005. www.sleepfoundation.org

Anos atrás eu estava numa daquelas "super" épocas da vida. Talvez você possa identificar com isso. Havia um "S" escrito na minha batida roupa de super-heroína enquanto eu buscava ser uma Super Mãe, uma Super Esposa, uma Super Funcionária, uma Super Amiga e uma Super Esposa de Pastor, tudo ao mesmo tempo. Meu dia típico começava às 5:30, e eu seguia firme e forte até mais ou menos meia-noite, quando eu desmoronava na cama, exausta e completamente desgastada.

Numa certa noite de inverno, Robert me abordou com romance nos olhos. "Vamos dormir em frente à lareira hoje à noite". Quando eu hesitei, ele disse: "Fala sério, vamos fazer algo espontâneo". Sem pensar, eu suspirei e respondi: "Vamos fazer algo espontâneo na sexta-feira".

Nós rimos disso ao longo dos anos, mas eu aprendi uma poderosa lição naquela noite. Quando eu me permito viver num estado de exaustão, eu perco oportunidades de ouro de ter intimidade. Se satanás conseguir me fazer ficar tão ocupada cuidando de todas as outras pessoas, eu não terei energia suficiente para cuidar do Robert. Eu gostaria de poder dizer que eu rasguei a minha fantasia de super-herói naquela noite, mas infelizmente não fiz isso. Ainda hoje eu tenho que reavaliar as minhas prioridades regularmente para me certificar que o tempo para o Robert ocupa um lugar no topo.

O último obstáculo que eu quero mencionar é o mais difícil de apresentar. Às vezes, as mulheres têm dificuldade em se entregar fisicamente por completo aos seus maridos devido à vergonha. Para muitas de nós, o passado é um álbum de imagens dolorosas de pecado ou abuso. O sexo somente abre a porta para memórias que queremos esquecer, memórias de culpa e de dor. Como podemos desfrutar do sexo quando cada momento, cada ato, cada sensação estão manchados com vergonha?

Querida amiga, Deus quer libertar você dessa vergonha. Jesus morreu na Cruz e levou sobre Si toda a nossa vergonha para que não tivéssemos que viver sob o peso do passado. Não importa se você teve culpa ou não pelo que aconteceu, Deus quer que você experimente a cura completa. Talvez você precise de perdão de Deus. Ele está disponível gratuitamente para você. Talvez você precise perdoar a si mesma. Talvez você precise perdoar outra pessoa. Se você sofreu abuso, meu coração se estende a você. Corra para os braços de Deus e encontre conforto e paz. Onde quer que a culpa esteja, escolha o perdão e libere a si mesmo do domínio fatal da vergonha.

Eu tenho uma amiga cujo padrasto abusou sexualmente dela por muitos anos. Felizmente, ela desenvolveu um profundo amor pelo Senhor na época em que se casou. Quando ela entrou naquela união com seu marido, ela recorreu a Deus e Lhe pediu que a ensinasse o que era o desejo Dele para o sexo. Ela já havia experimentado o lado sujo e abusivo, mas sabia que o coração Dele planejava muito mais. Ela pediu especificamente que o Senhor curasse o coração dela das feridas de seu passado e depois a ensinasse a como ser uma amante.

Com o tempo, minha amiga recebeu a cura ao perdoar seu padrasto e sua mãe. E, ao longo dos anos, ela obteve outro incrível testemunho: "Não havia muitas fontes cristãs boas para me ensinar ser uma amante, mas o Espírito Santo me ensinou". Apesar de o marido dela não estar andando com o Senhor, eles estabeleceram limites santos e exploraram dentre desses limites. Anos depois, quando o marido dela veio a conhecer o Senhor, nada mudou na vida amorosa deles porque ele estava feliz com a vida sexual abençoada que Deus já havia dado a eles.

Deus está usando a vida da minha amiga como testemunho para outras mulheres cristãs. Alguns anos atrás num retiro de mulheres, uma senhora estava comentando sobre seu desgosto por sexo. Minha amiga respondeu: "O que tem para não gostar?" Isso abriu uma discussão bastante sincera entre todo o grupo e deu brecha para a minha amiga compartilhar sua história. Deus havia feito com que ela tivesse um respeito saudável pela beleza do sexo apesar de ter sido introduzida ao lado destrutivo dele quando criança.

Deus quer que você avance para além do abuso e da vergonha que têm atormentado você por anos. Ele quer curar as profundas tréguas do seu coração para que você possa aproveitar o presente do sexo que Ele deu ao casamento. Eu não sou uma especialista em curar feridas, mas Deus é. Corra para Ele!

Amigas, o sexo nunca alcançará seu potencial máximo em seu casamento enquanto houver motivos egoístas. Em 1 Coríntios 7:3-5, nós lemos:

> *O marido deve cumprir os seus deveres conjugais para com a sua mulher, e da mesma forma a mulher para com o seu marido. A mulher não tem autoridade sobre o seu próprio corpo, mas sim o marido. Da mesma forma, o marido não tem autoridade sobre o seu próprio corpo, mas sim a mulher. Não se recusem um ao outro, exceto por mútuo consentimento e durante certo tempo, para se dedicarem à oração. Depois, unam-se de novo, para que satanás não os tente por não terem domínio próprio.*

Paulo nos exorta aqui a morrermos para a nossa própria carne e nos avivarmos pelo propósito de satisfazer os desejos do nosso cônjuge. O sexo pode ser o Céu na Terra para você e seu marido quando os dois se entregarem da maneira que Deus planejou.

FAÇA UMA MUDANÇA HOJE

Se você já tem uma vida sexual vibrante, proteja-a e valorize-a. Alimente-a para que satanás não roube a intimidade com a qual você já foi abençoada. Se seu relacionamento parece mais com o de Sharon e Manuel, assuma o compromisso de começar a melhorá-lo hoje.

A melhor maneira de começar a desenvolver uma vida sexual saudável é orando. Se orar sobre sexo soa estranho para você, lembre-se de que Deus criou o sexo. Aos olhos Dele, é um lindo presente destinado ao seu prazer com o seu marido. Se acharmos que Deus se desagradará de nós se nos achegarmos a Ele para perguntar sobre sexo, estaremos propensos a ir a outro lugar procurar informação e encorajamento. Nós já descobrimos que o mundo e satanás estão esperando para nos alimentar com mentiras. Confie no Espírito Santo para lhe ensinar sobre sexo.

Uma grande ferramenta que Deus nos deu para aprender sobre sexo é o livro de Cânticos de Salomão. Leia-o, seja sozinho ou com seu cônjuge. Ao ler, peça ao Espírito Santo que dê a você o coração Dele pelo sexo. Com o tempo, você perceberá uma diferença na sua abordagem e no seu prazer na intimidade sexual.

Por fim, lembre-se de que nem todas as lutas conjugais estão enraizadas no quarto. Outras questões como problemas financeiros, filhos doentes, ou problemas de trabalho podem estar pesando em seu relacionamento. Lide com essas questões abertamente. Converse sobre elas para que o estresse não seja entornado dentro do quarto.

Sharon e Manuel nunca se reconciliaram. Até a época em que ela buscou ajuda, ele já estava arraigado emocionalmente e sexualmente em outro relacionamento. Apesar de o adultério nunca ser justificável, eu me pergunto, será que o resultado não teria sido outro se ela tivesse procurado o marido antes? Em meu coração, acredito que se um relacionamento sexual vibrante tivesse existido, a porta de oportunidade para a outra mulher poder entrar nunca teria sido aberta.

O sexo foi criação de Deus, e não do homem. Ele foi criado para o prazer por um Pai amoroso que deseja que Seus filhos experimentem intimidade verdadeira. Na beleza do casamento, nós devemos nos permitir viver nas mais ricas bênçãos de Deus. Aproveite o presente de Deus para você. Experimente uma parte do Éden se entregando completamente para buscar o amor em sua forma mais ardente.

CAPÍTULO OITO

Invadindo o Clube do Bolinha

O filme *Os Batutinhas* de 1994 reapresentou os personagens clássicos: Batatinha, Buckwheat, Alfalfa e Darla. Os Batutinhas eram um grupo de meninos que se uniram para formar o Clube do Bolinha. O juramento unificado deles era o de odiar garotas. Alfalfa constantemente lutava para ser leal, pois, apesar de querer fazer parte do grupo, seu coração pertencia a uma charmosa menina de cabelos castanhos, Darla.

Stymie, um jovem membro de boa reputação no Clube do Bolinha, recitou o juramento do clube com convicção: "Eu, Stymie, juro solenemente ser um bolinha e odiar as mulheres e não brincar nem conversar com elas a menos que eu seja obrigado, e principalmente nunca me apaixonar; e se eu fizer isso, que eu morra lentamente e dolorosamente e sofra por horas – ou até que eu não consiga parar de gritar de dor".

Talvez o seu marido tenha feito parte do Clube do Bolinha quando era menino e nunca revogou completamente a participação dele. Obviamente, ele quebrou a promessa de nunca se apaixonar, mas ainda adere a alguns dos antigos costumes, amarrando algumas partes de seu coração e de sua vida com uma fita amarela chamativa que diz: "Cuidado! Propriedade do Clube do Bolinha".

Como mulheres, nós fomos criadas para nos conectar e comunicar em níveis íntimos e emocionais. Nossos maridos, por outro lado, não foram criados da mesma forma. Em sua mensagem para os homens nos primeiros capítulos deste livro, Robert explicou que uma razão pela qual Deus deu a mulher ao homem foi para ajudá-lo a se conectar emocionalmente. As mulheres carregam a imagem emocional de Deus. Nós somos apaixonadas, compreensivas, intuitivas e sensíveis, assim como Deus é. Os homens nunca poderão conhecer e entender Deus totalmente a menos que aprendam a se conectar num nível emocional.

Senhoras, vocês precisam ir mais profundo com seus maridos, e eles precisam que vocês os ensinem a como ir mais profundo com vocês. Seu desejo de invadir o pequeno clube dele não é um desejo errado. Deus quer que você se conecte com seu marido por duas razões: para aumentar a intimidade no seu casamento e ajudá-lo a se conectar mais profundamente com o Pai celestial. Seu desejo de abrir o coração do seu marido vem de Deus, mas seus métodos ao fazer isso podem não agradar a Ele.

Como devemos proceder para entrar naqueles corações? Os homens podem ser grandes protetores de suas áreas restritas. As memórias e os sentimentos deles estão alojados num tipo de clube, dividido e separado em compartimentos com vários níveis de acesso que exige que os visitantes tenham autorização antes de a entrada ser concedida. Ainda que o seu marido finja ser uma rocha emocional, a realidade é que os sentimentos dele são muito sensíveis, e ele toma medidas extremas para proteger seu coração.

Quando vocês estavam namorando, seu marido concedeu a você acesso limitado ao clube dele. Na medida em que ele decidia o que você precisava saber, ele destrancava salões diferentes e deixava você entrar. Talvez primeiro ele tenha conduzido você até a sala de troféus na tentativa de impressionar você com as conquistas dele. Alguns homens correm com as mulheres pela sede do clube direto para o quarto e tentam deixá-las trancadas lá. É muito provável que ele tenha passado muito tempo com você na sala de jogos... esse tende a ser um dos lugares favoritos para passar o tempo. Quando ele conheceu seu pai pela primeira vez, talvez ele tenha aberto o escritório para mostrar sua estabilidade financeira. Para o seu pastor, talvez ele tenha aberto a biblioteca e impressionado vocês dois com o conhecimento dele.

Com cada porta aberta, você pôde conhecer seu marido um pouco melhor. Como você é mulher, você provavelmente se apaixonou por ele quando ele revelou um pouco daquelas salas escuras que alojava suas mais profundas memórias e os sonhos mais estimados. Ao permitir que você entrasse no coração dele, ele comunicou a você que queria ter intimidade com você. As mulheres raramente conseguem dar as costas à tamanha vulnerabilidade.

No entanto, agora vocês são casados... e ele se fechou. É quase como se ele tivesse aberto aqueles lugares do coração dele só para ganhar você e agora que a tem nas mãos, ele aparafusou a porta fechada negando a você qualquer acesso futuro. Querida irmã, a fim de alcançar a intimidade que o Pai quer que você tenha no casamento, você tem que entrar naqueles cômodos. Tentar arrombar a porta ou entrar escondida pela janela só irá resultar em medidas de segurança mais firmes. Ao invés, você deve aprender a seguir os procedimentos de entrada que concedem o acesso que você precisa.

GANHANDO ENTRADA AO CORAÇÃO DELE

Eu quero conhecer Robert Morris por dentro e por fora. Eu quero um nível de intimidade que vai além do sexo, além da comum ligação de família e de criar filhos juntos. Eu quero saber o que ele pensa, por que ele pensa aquilo e como ele se sente. A intimidade verdadeira requer vulnerabilidade e transparência; corações cautelosos são protegidos por muros que impedem a intimidade. Os homens, apesar daquela aparência de fortão, são tão emocionalmente frágeis quanto as mulheres são fisicamente frágeis. Somente se você tentar entendê-lo e tratar o lado emocional dele com cuidado, você será permitida a entrar no lugar secreto dele. Após quase vinte e seis anos de casamento, eu tenho encontrado grande alegria em conhecer o Robert através de transparência completa e vulnerabilidade sensível. Eu tenho enxergado dentro do coração dele, onde ele guarda suas esperanças e sonhos, medos e falhas, orações e memórias. Robert e eu temos compartilhado as partes mais profundas das nossas almas um com o outro. Ele não tem segredos para mim, e eu não tenho nenhum para ele.

Essa franqueza não surgiu da noite para o dia; ela foi cultivada ao longo do tempo. Eu tive que aprender a abordar as áreas isoladas do passado dele, e ao fazer isso aprendi lições valiosas que eu gostaria de passar para você.

ENTRE SILENCIOSAMENTE

Primeiramente, se você espera que seu marido lhe dê acesso irrestrito ao coração dele, você deve estar disposta a entrar com etiqueta. Se sua amiga a convidasse para ir a casa dela, você entraria e começaria a reorganizar, redecorar ou falar mal dos pertences dela? Não, você iria respeitar o espaço e as escolhas dela. Então por que tendemos a entrar na vida e no passado do nosso marido com um ar de desaprovação?

Quando seu marido a convida para entrar na sala de troféus dele e você vê uma foto da primeira namorada dele pendurada na parede, não reaja com insegurança pessoal dizendo que ela era gorda ou feia. Apesar de ele talvez concordar com você ou fingir não estar magoado, ele provavelmente não irá mais contar a você sobre as antigas namoradas dele. Quando você responde à vulnerabilidade dele com julgamento ou crueldade, ele recua e empurra você de volta para fora. Você não pode entrar no coração dele com o objetivo de estabelecer o seu trono e tomar o controle. O passado e os sentimentos dele já estão lá, e você tem que estar disposta a aceitá-los não importa quais sejam.

Em contraste, toda vez que você aceita o passado do seu marido de braços abertos, você ganha a confiança dele. Quando ele souber que pode confiar a você pequenas partes do coração dele, ele começará a confiar mais partes a você. Você jurou amar o seu marido quando se casou com ele, e aceitar o passado dele, não importa como tenha sido, o faz lembrar de que seu amor por ele é incondicional e duradouro.

NÃO É PERMITIDO REDECORAR

A segunda regra de entrada é: não é permitido reorganizar e redecorar. Talvez você seja capaz de aceitar o passado do seu marido, mas ache mais difícil aceitar quem ele é hoje sem tentar mudá-lo. Somente Deus pode mudar mentes e corações... você não pode. Quando você descobrir algo no coração do seu marido que não é bom, entregue isso ao Senhor. Seu objetivo em se aprofundar é se tornar um com o marido que você tem, e não tentar criar um marido completamente novo.

Quando ouço relatos sobre casais que se divorciaram após vinte e tantos anos de casamento, eu me pergunto quando eles perderam a intimidade. Eles trancaram o outro do lado de fora, ocultando esperanças e sonhos secretos, e com o tempo passaram a sentir como se estivessem dormindo com um estranho. Se não permanecemos conectados ao nível da alma, nós nos afastamos lentamente até que pareça que não compartilhamos mais nada além do financiamento da casa. Entre no coração do seu marido valorizando a intimidade que você encontrar lá; não o force a mudar.

SEM EXIGÊNCIAS

Terceiro, não exija entrar. Diga pra mim que eu não posso, e eu farei de tudo para provar que você está errado. Muitas vezes, quando nós mulheres encontramos aquela faixa amarela de restrição, conspiramos e tramamos para encontrar outra porta de entrada. Tentamos manipular com culpa dizendo: "Eu sou sua esposa. Eu não acredito que você não vai me contar isso". Lágrimas nunca ajudam nossa causa também. Apesar de a manipulação nos dar temporariamente o que queremos, ela sempre sofre mutação e se torna nossa maior inimiga. Seu marido irá começar a reconhecer suas jogadas manipuladoras e ficará ressentido por elas. Ele irá deixar você do lado de fora, e o tanto que a porta estava aberta para você antes será fechado na sua cara. O coração dele endurecerá em relação a você, e a intimidade escapará do seu domínio. Então, ao invés de forçar a sua vontade, espere que ele abra a porta. Ele irá fazer isso em seu próprio tempo; apenas seja paciente.

Se você abordar o seu marido com aceitação, apreço e paciência, sua iniciativa para conhecer o coração dele será bem-sucedida, premiada com uma intimidade nova. Mas como entrar de fato no coração dele? Algumas dessas portas estão barradas e trancadas com cadeado, e as dobradiças estão até enferrujadas porque faz muito tempo desde que a porta foi aberta! Permita-me compartilhar alguns passos práticos que você pode tomar para ter acesso.

Acima de tudo, você tem que se aproximar da porta com humildade. Forçar a passagem não vai funcionar. Bater e gritar também não fará mágica. Muito provavelmente, uma abordagem abrasiva o fará lembrar-se da professora de inglês da sexta série que ficava sempre no pé dele ou da mãe que estava constantemente perturbando ele. Anos de irritação ensinaram a ele a ignorar essas táticas hostis. Você tem que ser diferente; você deve bater à porta com delicadeza. Você pode ficar surpresa com o quão longe uma simples batida pode levar você.

Quando você bater à porta, entenda que é ele quem decide atender ou não. Isso nos leva de volta à regra de não forçar a entrada. Um truque para aumentar suas chances de entrar é considerar a hora em que você irá bater à porta. Você pode bater humildemente assim que ele entrar pela porta após uma viagem para casa engarrafada e um longo dia exaustivo no trabalho... e aí seu acesso negado é garantido. Você pode bater à porta suavemente quando ele estiver em meio ao pagamento das contas... e mais uma vez você encontrará rejeição. Os homens tendem a se comunicar mais num ambiente relaxado. Quando você quiser que ele fique vulnerável com você, crie uma atmosfera confortável e permita que ele relaxe antes de você começar a bater à porta.

Agora, o que eu quero dizer quando falo para você "bater à porta"? Bater à porta é tão simples quanto fazer uma pergunta. Deus tem usado esse método de bater à porta do coração do homem desde o início dos tempos. Quando Adão e Eva pecaram, Ele foi até eles e perguntou: *"Onde está você"* (Gn 3:9). Deus sondou a fé no coração de Abraão perguntado: *"Existe alguma coisa impossível para o Senhor?"* (Gn 18:14). Ao atrair Saulo para o arrependimento no caminho para Damasco, Jesus perguntou: *"Saulo, Saulo, por que você me persegue?"* (At 9:4).

Perguntas giram a chave que destranca o coração. Elas sondam em nosso subconsciente, nos forçando a confrontar nossas percepções e nosso passado. Quando feitas com humildade em momentos oportunos, elas revelam o coração do seu marido com honestidade e sinceridade. As respostas dele para as suas perguntas levam você ao passeio pelo coração dele que você tanto desejou. Sua recepção amorosa da revelação dele é a aceitação que ele temia nunca encontrar. Você bate à porta. Ele deixa você entrar. Você pergunta. Ele responde. A intimidade é aprofundada.

Quando minha amiga Kimberly estava preocupada com uma decisão de negócios que o marido dela estava tomando, ela ficou frustrada porque ele ignorou as preocupações dela. Eu sugeri que ela fizesse algumas perguntas ao marido ao invés de falar sobre suas apreensões. Ela começou a perguntar coisas como: "O que você vai fazer se isso acontecer?" e "Como você irá se sentir se isso não acontecer como você espera?" A nova abordagem deu a ela a oportunidade de ouvir o ponto de vista dele e compreendê-lo melhor. Ele, em troca, ficou mais aberto para explorar a perspectiva dela. A tensão começou a diminuir porque eles estavam comunicando seus motivos, medos e esperanças.

Senhoras, seu marido será muito mais propenso a mudar de ideia ao responder uma pergunta que faça com que ele repense sua posição do que se você atirar a sua opinião nele. Os homens são criados com um ego que, afastado de Deus, torna difícil para eles admitir até mesmo a possibilidade de estarem errados.

No capítulo seis, nós falamos sobre submissão. Um dos riscos mais assustadores da submissão é que você dá ao seu marido carta branca para tomar decisões ruins para a sua família. Como uma companheira de Deus para o seu marido, você precisa saber como comunicar e expressar sua preocupação de uma maneira que não contradiga a sua submissão.

Pense na história de Ester. Ela teve que confrontar seu marido, o rei, acerca de um dos líderes confiáveis dele que estava tramando a morte do povo dela, os judeus. A forma como ela faria seu apelo poderia significar a libertação do povo ou a destruição de todos os homens, mulheres e crianças.

A primeira coisa que Ester fez foi se preparar. Ela jejuou e recrutou outras pessoas para jejuarem e orarem com ela (Ester 4:16). Certamente durante essa temporada de oração, ela perguntou a Deus o que deveria dizer e como dizer. Quando ela soube que tinha a cobertura e o favor de Deus, ela se posicionou diante do rei para que ela pudesse falar com ele. Vestida com seus mantos reais, ela foi ao pátio interno do palácio para que o rei a notasse. Apesar de estar vestida de forma atraente não ter prejudicado a situação, foi ainda mais importante ela ter se vestido com humildade através do jejum e da oração. Lembre-se, abordar o seu marido com humildade pode ser a diferença entre ele a ouvir ou a ignorar.

Ester esperou pela hora certa para apresentar seu apelo ao rei. Ela teve algumas oportunidades, algumas em que ele até lhe ofereceu a metade de seu reino! A Bíblia não diz por que Ester deixou passar essas oportunidades, mas é óbvio que Deus estava trabalhando através do *timing* (Ester 5). Quando Deus a impeliu no momento certo, ela fez seu pedido ao rei com submissão e confiança (Ester 7:3-4). Ela tinha fé total que Deus cuidaria do resultado porque ela havia sido obediente. Deus honrou a fé e a coragem dela ao lhe dar favor aos olhos de seu marido. Toda a nação judaica foi salva, e o conselheiro corrupto do rei foi morto.

Submeter-se à liderança de seu marido não significa calar a sua voz na vida dele. Quando você fizer um apelo ao julgamento e às decisões dele, aplique as mesmas regras que eu dei a você antes sobre bater à porta do coração do seu marido: comprometa-se antes a aceitar a resposta dele não importa qual seja; confie que Deus irá mudar o coração dele e se recuse a forçar a sua opinião para ele; aborde-o com humildade na hora certa.

A INTIMIDADE PELA QUAL ELE ANSEIA

Eu sei que o desejo do seu coração é estar perto do seu marido, Nós duas sabemos que esse é o desejo de Deus para o seu casamento também. Você se sente próxima dele quando ele se abre para você, compartilhando as partes mais profundas da alma dele. A intimidade é estimulada durante esses momentos, mas existem outras formas de cultivar intimidade também.

Seu marido nunca irá confiar em você o suficiente para se abrir se não se sentir confortável com você. Uma das maiores necessidades dele é por companheirismo. Sim, ele precisa de respeito e sexo, mas também precisa de alguém com quem passar a vida. Adão se sentia sozinho porque não tinha ninguém como ele com quem compartilhar a vida. Deus, em Sua generosidade onisciente, deu a Adão uma esposa.

Os homens e as mulheres são muito diferentes. Quando as mulheres crescem, elas geralmente perdem o gosto por jogos infantis e esportes. Diversão para nós é fazer compras e ir a jantares. Os homens, por outro lado, nunca deixam de lado a boa e velha diversão. Eles adoram se divertir! Você sabe que eu estou certa. A necessidade deles por companheirismo está intimamente ligada ao amor que têm por momentos de diversão. Seu marido quer compartilhar momentos divertidos com você.

Antes de se casarem, Shelly estava sempre disposta a experimentar todas as atividades recreativas de Bill. Quando eram recém-casados, eles iam caçar, pescar e acampar juntos o tempo todo. Após uns anos de casamento e com a chegada do primeiro filho, Shelly perdeu o interesse de ir a essas viagens "fedorentas". Com a bênção dela, Bill ia com os amigos, deixando ela para trás para ir ao cinema ou fazer compras com as amigas. Na época, nenhum dos dois achava que essa vida recreativa separada seria perigosa para o relacionamento deles.

Anos mais tarde, depois de os filhos estarem crescidos e terem saídos de casa, Shelly e Bill tiveram que encarar uma dura realidade: eles ficavam perdidos na presença um do outro. Apesar de dividirem uma casa, uma família e até um passado, eles não sabiam o que fazer com os momentos em que eram forçados a compartilhar cada dia num ninho vazio. Como eles não haviam alimentado o relacionamento deles durante todos aqueles anos, não tinham nenhum companheirismo para curtir na aposentadoria deles.

Essa história é comum. Enquanto estão namorando, os jovens estão dispostos a fazer qualquer coisa para passar tempo um com o outro. Um rapaz irá andar pelo shopping carregando sacolas só para estar com sua namorada. Uma moça irá dormir no chão, muitos quilômetros longe da civilização, colocar minhocas num anzol só para passar tempo com seu namorado. Porém, depois do casamento, essas atividades perdem sua atração. O que os casais não percebem é que assim como o novo amor é alimentado por passar tempo em algum tipo de recreação, o amor antigo amadurece com o tempo compartilhado junto! Os cuidados com o trabalho e com a família podem fazer com que o lado divertido das suas emoções não pareçam importantes, mas construir companheirismo através de atividades mutuamente agradáveis é imperativo.

Eu tenho tentado pelo menos todos os passatempos favoritos do Robert. Há alguns que eu e ele concordamos que não levo jeito para fazer. Uma excursão de mergulho que quase acabou em morte nos mostrou que aquela talvez não seja uma atividade que podemos curtir juntos. Um incidente desconcertante envolvendo nosso carrinho de golfe e marcas de pneu na grama nos ensinou que o golfe talvez não seja o melhor esporte em equipe para o nosso casamento. Mas quando o Robert compra ingressos para um jogo de hóquei, a primeira pessoa que ele chama para ir com ele sou eu. Eu ainda vou pescar e acampar com ele e tenho aprendido a realmente aproveitar essas excursões. Robert adora se divertir comigo, e eu adoro ser a pessoa com quem ele se diverte. Nós somos melhores amigos, e eu sei que ser a melhor amiga dele facilita que ele se abra comigo quando há alguma coisa no coração e na mente dele.

QUEM DÁ VIDA

Você sabe o que o nome "Eva" significa? Significa "viva; vivificante"[11] ou "quem dá vida"[12] Adão recebeu Eva como um presente, e a influência dela no mundo dele fez com que ele a chamasse de "aquela que fez o meu mundo ter vida". Querida amiga, você pode fazer o mesmo pelo seu marido. Como a mulher que Deus deu ao seu marido, você está pronta para abrir o mundo de emoções para ele. Seu entusiasmo e talento singular podem animar e melhorar o mundo dele. Além do mais, assim como Eva concebeu e deu à luz ao seu primeiro filho, você possui a capacidade de conceber e dar à luz aos sonhos do seu marido.

Dezesseis anos atrás, eu dei à luz ao nosso último filho. No entanto, meu trabalho como uma mulher que dá vida não havia terminado. Desde aquela época, eu tenho gerado sonhos com Robert e visto eles se tornarem realidade. Em 2000, Robert tinha o sonho de iniciar uma igreja. Nós nunca havíamos feito isso antes, então não tínhamos certeza de tudo que precisaríamos. Um dilúvio de perguntas nos incomodava e cenários de derrota perturbavam a nossa fé. Particularmente, eu me perguntava o que aconteceria se aquilo não desse certo. Será que poderíamos enviar nossos filhos que estavam no ensino médio para a faculdade? Como nossas amizades se sustentariam se nos mudássemos para longe?

Eu tive dezenas de oportunidades para desencorajar o sonho de Robert. De muitas formas, parecia impraticável e arriscado. Porém, eu sabia que Deus estava nos chamando para crer Nele. Para mim,

---

[11] *Biblesoft's Hitchcock's Bible Names Dictionary*. CD-ROM. Biblesoft, 2004

[12] *Biblesoft's The New Unger's Bible Dictionary*. CD-ROM. Biblesoft and Moody Press, 2004.

fé significava ignorar as dúvidas e as perguntas para que eu pudesse permanecer confiantemente ao lado do meu marido. A fé ama amigos que permanecem ao nosso lado para crer. Como uma companheira cheia de fé, você pode estimular a fé do seu marido para novos níveis. Como uma companheira duvidosa, você irá derrubar destrutivamente a fé dele. Nós temos que ser esposas que dão vida aos sonhos dos nossos maridos se quisermos vê-los alcançar seu potencial completo.

Criando um refúgio encorajador para os sonhos do seu marido o motiva a confiar em você. O coração dele estará mais propenso a se abrir se ele souber que encontrará uma amiga que dará aos sonhos dele asas para voar.

A VIDA VEM DO ESPÍRITO

Deus ordenou que você fosse aquela que dá vida ao seu casamento. O papel que você exerce é vital se você e seu marido esperam algum dia experimentar a bênção do potencial supremo de Deus sendo alcançado pela sua família. Mas você não poderá ser aquela que dá vida dia após dia se não estiver extraindo vida ao mesmo tempo. João nos diz que *"O Espírito dá vida; a carne não produz nada que se aproveite"* (Jo 6:63). Você não poderá ser uma esposa santa com a sua própria força, pois a sua carne não produz nada. No entanto, se você entrar numa parceria com Deus, Ele irá continuamente lhe dar vida através de Seu Espírito para que você possa passar essa vida para o seu marido e os seus filhos.

Jesus prometeu a você o seguinte: *"Se vocês permanecerem em Mim, e as Minhas palavras permanecerem em vocês, pedirão o que quiserem, e lhes será concedido. Meu Pai é glorificado pelo fato de vocês darem muito fruto; e assim serão Meus discípulos."* (Jo 15:7-8). Permanecer em Cristo é a chave para produzir frutos, dar vida. Para permanecer Nele, você tem que passar tempo com Deus. Tornando seu relacionamento com o Senhor a sua prioridade é única forma como você pode se assegurar de se manter conectada com o Supremo que nos dá vida. Separe um tempo todos os dias, e peça a Deus que encha você com a vida Dele... Permita que o Espírito de Deus estampe em seu coração versículos para ler, pensamentos nos quais meditar e ordens para obedecer.

Permita que Deus vivifique o seu mundo enquanto você torna o relacionamento com Ele a prioridade número um da sua vida. Confie Nele para cuidar de você e usá-la para os propósitos do Reino Dele. Quando você andar intimamente com Deus, seu relacionamento com seu marido se torna mais fácil. Cheia do Espírito de Deus, você será capaz de honrar seu cônjuge com as suas palavras e as suas ações. A submissão virá mais naturalmente na medida em que você se torna mais parecida com a imagem de Cristo. Vida irá fluir através de você para as esperanças e os sonhos do seu marido. Ao você se aproximar do coração de Deus, seu marido aprenderá com você a como se conectar com o Pai mais intimamente. Seu serviço e seu compromisso inabalável com ele suprirão as necessidades da vida dele para que ele não seja tentado a procurar por satisfação fora do relacionamento de vocês.

Minhas queridas amigas, um casamento abençoado espera por você. Deus não retém isso de nós; Ele estende Suas bênçãos de mãos abertas, esperando que as recebamos como um presente. Seu destino está em negar seus desejos carnais para que você possa ser a companheira que o seu marido precisa. Quando você suprir as necessidades dele, você estará cumprindo o seu chamado na vida.

Você é quem segura a vida para o seu marido. Não a retenha dele; derrame a vida, transbordante, abundante e transformadora.

O Céu na Terra:
Uma Vida Diária Abençoada
pelo Casamento

CAPÍTULO NOVE

Perdoando Durante Tempos Difíceis

"Só por cima do seu cadáver", pensou Terri. Mais uma vez, seu marido, Frank, havia ido longe demais. Ele a havia magoado e queria perdão. Bem, com essa transgressão somada à longa lista que havia sido formada durante anos, como ele poderia esperar que ela o perdoasse?

Para o mundo lá fora, o casamento de Frank e Terri parecia saudável e bem-sucedido. Eles estavam juntos por mais de dez anos e eram muito envolvidos na igreja. Eles dizimavam fielmente e buscavam educar seus três filhos com a verdade bíblica. Porém, apesar de parecerem sólidos para o mundo lá fora, a sua vida no lar estava à beira do colapso. Além da tensão crescente entre marido e esposa, dois de seus filhos enfrentavam grandes problemas médicos. Um sofria de uma doença rara e precisava de uma cirurgia que o deixaria com o corpo inteiro engessado por semanas. O outro sofria de asma que se tornava cada vez mais difícil de controlar.

Certo dia, aparentemente do nada, Frank chegou para Terri com a notícia de que estava planejando se divorciar dela. Totalmente chocada, ela pensou: "Era eu quem deveria estar deixando você; eu sou a inocente neste casamento".

A história de Terri e Frank é comum. Relacionamento é sinônimo de conflito. Isso é verdade especialmente para um casal casado. Vivendo juntos, compartilhando tudo desde espaço na gaveta até filhos, vocês certamente irão se atropelar e pisar no calo um do outro. Ele deixa suas meias sujas no chão, e ela se esquece de escrever o valor do cheque no canhoto. Ele reclama do jantar enquanto domina o controle remoto, e ela pinta as unhas do pé enquanto fala ao telefone durante a partida final do campeonato. Enquanto nós casados vivermos juntos, irritaremos um ao outro. A questão é, como você irá deixar as tensões afetarem o seu casamento?

Ruth Bell Graham é casada com o famoso evangelista internacional Billy Graham por mais de sessenta anos. Ela e Billy possuem tremenda reputação de santidade. Quando perguntada sobre seu longo casamento de sucesso, Ruth declarou que "o casamento é a união de dois bons perdoadores".

A menos que você esteja vivendo em negação total, seu cônjuge fez alguma coisa hoje que irritou você profundamente (seja sincero). E o que é pior, além das frustrações comuns de esquecer-se de jogar o lixo fora ou de jogar fora sua camisa favorita, ele ou ela já disse ou fez coisas que machucaram você profundamente. Você foi violado, maltratado, esquecido e não apreciado. Repetidamente, seu amor é testado quando o seu cônjuge não alcança o alto padrão do amor. É por isso que o perdão é absolutamente essencial se você quiser que o seu casamento dure.

Sem conflito, o casamento seria fácil e o seu amor nunca seria testado. Como o seu marido ou a sua esposa poderia experimentar o amor incondicional de Cristo através de você se nunca precisasse de graça ou perdão? Será que alguém merece ser perdoado? Será que você merece? Assim como Jesus sacrificou a Si mesmo, você tem que aprender a se sacrificar e perdoar para que seu casamento possa prosperar em reconciliação.

EXPONDO O ARSENAL DO INIMIGO

Acima de tudo, satanás é um mentiroso (João 8:44). Ele é o grande enganador, determinado a nos capturar na nuvem escura que o engano cria. Paulo nos disse que satanás também é o *"príncipe do poder do ar"* (Efésios 2:2). Em Apocalipse 12:10, satanás é chamado de o *"acusador dos nossos irmãos"*. Ao juntar essas três descrições, começamos a ver como ele trabalha contra nós para destruir nossos casamentos. Talvez você não perceba, mas satanás manipula as suas palavras e os seus pensamentos, modificando-os em insultos e alegações contra o seu cônjuge.

Maridos, um pequeno exemplo seria quando você chega em casa e pergunta à sua esposa: "Quando o jantar ficará pronto?" Essas palavras têm que viajar pelo ar antes de chegarem ao ouvido e comunicarem com a sua esposa. Quem se esconde no ar, esperando para tecer a falsidade da realidade? Satanás. Ele adora pegar as suas palavras e retorcê-las antes de chegarem aos tímpanos da sua esposa. Quando sua pergunta chega, ela ouve, "O jantar ainda não está pronto?" Esposas, um exemplo para você é quando seu gentil lembrete "O caminhão de lixo vai passar de manhã" acaba sendo escutado como "Levanta, seu preguiçoso, e vá levar o lixo para fora!" Satanás, o mentiroso, usa seu poder e domínio no ar para fabricar os insultos do seu cônjuge que irão desencadear um comentário defensivo da sua parte e assim iniciar uma briga. Satanás tem aperfeiçoado a manipulação dele à tamanha arte que poucas vezes questionamos se ouvimos ou entendemos mal uns aos outros.

Uma vez que a verdade distorcida entra no seu ouvido, satanás vai trabalhar para acusar seu cônjuge ainda mais. Ele lembra você de todas as coisas que ele ou ela fez de errado no passado. Ele sugere possíveis significados por trás das palavras que são dolorosos e irritantes. Ele incita o medo e a insegurança fazendo com que você duvide da verdade. Ele é um mentiroso, um manipulador e um acusador, mas muitas vezes permitimos que ele reine em nosso casamento.

Depois que a ofensa já aconteceu, satanás não a deixa descansar na sua mente. Ao contrário, ele mexe nas suas feridas até que elas infeccionem, infectando toda a sua percepção em relação ao seu marido ou à sua esposa. Ele convence você de que você não deve perdoar porque ele ou ela não merece. De alguma forma, você acredita que a sua amargura causa dor à outra pessoa.

Escolher não perdoar é como beber veneno e esperar que a outra pessoa fique doente. Apesar de observarmos e esperarmos por qualquer indicação de remorso, o veneno corrói a nossa própria alma e por fim nos mata. Como a Terri, nós bebemos o veneno quando permitimos que ofensas pequenas ou grandes continuem sem perdão. Com cada pecado, nós temos a oportunidade de perdoar ou não, uma escolha de engolir vida ou morte.

Você já perdoou verdadeiramente seu marido ou a sua esposa pelos inúmeros desapontamentos e feridas? Um bom teste para determinar a sinceridade do seu perdão é pensar por alguns minutos sobre a transgressão cometida pelo outro e ver se os seus pensamentos se transformam em aborrecimento ou raiva. Outro bom indicador de que você não perdoou é se o ato domina a sua mente e a sua conversa. Quando você perdoa verdadeiramente, a raiva vai embora junto com a necessidade de desabafar.

A falta de perdão também é aparente quando você recusa a se desprender da ofensa. Apesar de parecer humanamente impossível esquecer o que aconteceu, nós temos uma escolha de perder tempo com isso ou de usá-lo como alavancagem manipuladora no futuro. Haverá situações em que o passado terá que ser discutido a fim de atingir reconciliação e cura, mas essa deveria ser a única razão pela qual trazemos à tona o que já foi perdoado. Mencionar aquilo por qualquer outra razão irá apenas resultar em amontoar vergonha e culpa sobre o seu cônjuge. A paz não pode coexistir com a desgraça e a acusação.

Jesus nos deu uma ótima ilustração sobre a importância do perdão numa história que contou sobre um rei e um servo (Mateus 18:23-35). O rei havia sido generoso ao fazer empréstimos aos seus empregados, mas um dia decidiu acertar todas as contas. Isso era má notícia para um servo em particular que devia muito mais do que podia pagar. A fim de acertar a dívida, o rei ordenou que o servo e toda a sua família fossem vendidos como escravos para que a quantia fosse paga. Temendo por sua família e seu futuro, o servo se prostrou diante do rei e implorou por mais tempo para pagar a dívida. Comovido por compaixão, o rei teve misericórdia do servo, liberando-o sem exigir que ele pagasse qualquer parte do saldo.

Certamente aliviado, o servo deixou a presença do rei. Ele então foi procurar outro servo que lhe devia uma quantia bem menor do que a que ele devia ao rei. De forma violenta, ele exigiu o dinheiro de seu conservo. De modo similar ao apelo do primeiro servo ao rei, o segundo servo implorou por mais tempo para pagá-lo. Sem misericórdia, o primeiro servo fez com que seu colega fosse lançado na prisão até que a dívida fosse paga.

Chegou ao rei a notícia sobre a maneira horrível como o homem tratou o sujeito endividado. Enfurecido, ele chamou o servo à sua presença e o corrigiu:

> *Cancelei toda a sua dívida porque você me implorou. Você não devia ter tido misericórdia do seu conservo como eu tive de você?*
>
> *Mateus 18:32-33*

Ele então entregou o servo para ser torturado até que pudesse pagar a dívida original.

Amigos, Jesus fez o sacrifício final para pagar uma dívida que nós nunca poderíamos pagar em toda a eternidade. Nosso perdão custou um preço altíssimo, mas Jesus o pagou, e nós recebemos as bênçãos de um rei generoso. Agora, qual é a nossa resposta para aqueles que erram conosco? Eles merecem nosso perdão? Nós merecíamos o perdão de Deus?

Nós temos uma escolha. Toda vez que o nosso cônjuge falha, seja de modo insignificante ou grandioso, temos a oportunidade de estender a mesma misericórdia e o mesmo perdão que recebemos de Cristo. Podemos passar adiante a graça que foi conferida a nós, ou podemos insistir em castigar recusando a perdoar. O que aprendemos com essa parábola é que, em nossas tentativas de penalizar os outros, nós realmente nos condenamos à tortura. Deus planejou que recebêssemos perdão e avançássemos na liberdade que o perdão oferece. A falta de perdão rouba de nós essa chance, nos deixando cativos ao nosso antigo estado de falência.

Satanás, como já discutimos, está aguardando pronto para destruir o seu casamento. Ele irá mentir, manipular e acusar para conseguir o que quer. Desde que ele foi expulso do Céu, ele tem trabalhado para levar o mundo junto com ele. Nós não iremos mudar a forma como ele age, mas às vezes sem perceber, nós fornecemos as armas que o inimigo precisa para atacar estrategicamente os nossos cônjuges.

Quando você determina que há certas ofensas que seu cônjuge pode cometer que são imperdoáveis, você dá a satanás uma lista de maneiras de como tentá-lo e capturá-lo que irão resultar num casamento derrotado. Talvez você tenha sido generoso em perdoar seu marido por esquecer seu aniversário e por ser preguiçoso dentro de casa. Talvez você tenha perdoado as mudanças de temperamento e a boca grande da sua esposa. Mas, homens, e se ela estourar o cartão de crédito com uma conta caríssima que irá forçá-lo a trabalhar horas extras para pagar? Senhoras, e se vocês descobrirem que seu marido tem frequentado websites pornográficos durante anos? E se descobrissem que seu cônjuge teve um caso amoroso?

O diabo é esperto, e ele irá levar você até o seu limite. O mundo irá lhe dizer que todo mundo tem seu ponto de quebra, e que você não precisa tolerar tudo. Se você ceder a essa atitude, será fácil para satanás empurrar você sobre o precipício da falta de perdão.

POSICIONADO PARA PERDOAR

Perdoar é uma virtude gratificante. Jesus nos disse que quando perdoamos aos outros, somos perdoados por Deus (Mateus 6:14). Perdoar aos outros mata a amargura que corrói os nossos corações e restaura um relacionamento saudável. Além disso, liberta sua vida do pecado para que você possa ser um canal de mais bênçãos para a sua família. Porém, o perdão não simplesmente surge no seu coração, como a alegria ou o medo. Não é uma resposta natural à dor. É uma escolha.

O que você acha que aconteceria se você determinasse com antecedência que não há nada que seu marido ou a sua esposa possa fazer que você não perdoaria? Seu cônjuge ainda iria cometer erros, talvez até erros grandes, mas quando essas situações acontecessem, seu casamento não iria correr perigo de acabar porque você já teria decidido perdoar.

Lembre-se, nossos casamentos são a imagem de Deus. Nós mostramos ao mundo quem Ele é pela maneira que interagimos uns com os outros. Salmos 86:5 (ACF, ênfase do autor) diz:

Porque Tu, Senhor, és bom, e pronto a perdoar, *e abundante em benignidade para com todos os que Te invocam.*

Nosso Pai celestial está pronto, pronto para nos perdoar não importa o que façamos. Não existe nada que você ou eu pudéssemos fazer que O faria divorciar-se de nós! O perdão Dele não é limitado, mas ilimitado. Nós temos que imitar Sua determinação em nosso casamento para que outros possam ver como Ele é generoso e misericordioso.

Você consegue fazer isso? Hoje, você pode olhar para o seu cônjuge e declarar em voz alta para todos ouvirem (inclusive satanás): "Não importa o que você faça, eu escolherei perdoar você" Falar essas palavras com sinceridade será um ponto decisivo no seu casamento, acalmando o seu cônjuge com confiança e desarmando satanás de suas tramas.

É difícil demais fazer isso agora? Sua incapacidade de perdoar com antecedência é compreensível porque sua dor dos sofrimentos passados é real. Nós não podemos esperar que ela seja dissolvida num instante. Alguns anos atrás, Robert e eu fomos ofendidos por um indivíduo, e eu tive muita dificuldade de perdoar. Eu ficava remoendo as ações dele na minha mente e depois ficava treinando conversas em que eu o colocaria em seu devido lugar. Eu queria desesperadamente ter a palavra final com um chute no queixo como o ponto de exclamação. Meses se passaram, e eu ainda não havia sido capaz de perdoá-lo.

Então, ouvi um pastor pregar sobre perdão. Ele sugeriu que orássemos por aquelas pessoas que estávamos tendo dificuldade de perdoar e abençoá-las. Bem, não havia qualquer desejo no meu coração de orar por aquela pessoa, menos ainda de abençoá-lo, mas eu sabia que estava presa pela minha falta de perdão e que precisava fazer alguma coisa. Daí, toda vez que eu me pegava pensando sobre a situação, eu transformava meus pensamentos em uma oração. De primeira, meus dentes se cerravam enquanto eu proferia palavras de bênção, mas com o tempo eu fiquei surpresa ao descobrir que meus sentimentos em relação a ele estavam mudando. Logo, a amargura havia ido embora, e minha mente estava livre do desgaste exaustivo da falta de perdão.

Talvez seu cônjuge tenha machucado você tantas vezes que você acha difícil dizer: "Eu tenho decidido perdoar você mesmo quando você me magoar no futuro". Comece orando. Peça a Deus para derramar bênçãos sobre a vida dele; ore por cura e mudança na vida dela. E quando fizer isso, peça a Deus para mudar o seu coração para que você seja capaz de perdoar. Se você esperar sobreviver aos ventos repentinos do casamento, você tem que se posicionar para perdoar. A única posição de onde você pode oferecer perdão constantemente é aquela em que você pode enxergar claramente seu cônjuge e você à luz da infinita graça e misericórdia de Deus.

Deus muda você através da oração. É através de conversa constante que você adquire a mente de Cristo. Eu (Robert) também já lutei com o perdão. Eu me lembro de uma conversa que tive com Deus sobre um amigo que realmente havia me feito mal. Deus estava me dizendo para perdoá-lo e eu estava lutando com Ele. "Senhor, ele estava errado!", eu protestava.

A resposta do Senhor para mim foi afiada, espetando o meu coração: *"Sim, Robert, ele estava errado... é por isso que você precisa perdoá-lo. Se ele estivesse certo, não precisaria do seu perdão!"* Às vezes, a visão de Deus sobre uma situação pode ser irritantemente correta. As palavras Dele me deram a mente de Cristo, ensinando-me a graça que eu precisava para perdoar a ofensa. Seja sincero com Deus sobre os seus sentimentos, e depois confie Nele para transformar você.

O PODER DO PERDÃO

Nabal era um homem de negócios bem-sucedido em Israel durante a época de Davi. Os pastores de Nabal haviam encontrado com Davi no deserto, e Davi os havia tratado com gentileza e proteção. Na temporada de festas religiosas, Davi enviou uma mensagem a Nabal, abençoando-o e perguntando se ele e seus companheiros poderiam se unir a ele para a festa. Ao invés de retribuir a gentileza de Davi, Nabal o desprezou e se recusou a oferecer hospitalidade. Ao receber a mensagem de Nabal, Davi reuniu um pequeno exército e partiu para atacar a propriedade dele.

Abigail, a linda e sábia esposa de Nabal, ouviu o que havia acontecido entre o marido dela e Davi. Rapidamente, ela preparou um presente generoso e partiu para fazer as pazes com Davi antes que a família dela fosse morta. Ela se aproximou de Davi humildemente e implorou por misericórdia. Ele ficou comovido com o apelo dela e desistiu de seu ataque (1 Samuel 25:1-35).

Como esposa de Nabal, Abigail possuía muita influência em sua intermediação com Davi. Da mesma forma, quando escolhemos perdoar os nossos cônjuges e orar por eles, misericórdia e bênção são derramadas por causa dos nossos pedidos. Sabendo disso, não devemos somente determinar perdoar, também devemos decidir interceder com ousadia. Nós podemos e devemos orar para que os pecados que cometemos enquanto pais não sejam passados para os nossos filhos. Nós podemos e devemos orar por sabedoria com as nossas finanças, para que a nossa má administração no passado possa nos guiar aos sólidos princípios bíblicos. Nós podemos e devemos orar por cura e restauração quando o adultério tem rasgado o nosso coração. Nós temos que ser ousados, sem nos contentar com um mero remendo, mas insistindo numa restauração maior de comunhão apaixonada e de uma unidade recém-descoberta. Você fez uma aliança diante de Deus no dia do seu casamento, e Deus olha para você não somente como um indivíduo, mas como um com o seu companheiro. Sua posição no casamento dá a você autoridade em oração sobre o seu cônjuge que tem o potencial de bênção que transforma e realça a vida.

Nos anos iniciais do nosso casamento, Robert tomou uma decisão muito ruim que nos causou problemas por muitos anos. Como eu não estava inclusa na decisão, eu banquei a vítima e mergulhei na minha dor. Quando eu orava, eu dizia coisas como: "Senhor, aflija o seu servo tolo e teimoso Robert Morris!" (Eu usava palavra como "aflija" porque eu pensava que soava mais espiritual.) Eu teria ficado satisfeita se tivesse caído fogo do Céu sobre ele.

Entretanto, um dia eu percebi que ao orar por castigo sobre o Robert, eu estava me colocando em perigo. Veja, eu sou um com o Robert e, portanto, os fogos de vingança mirados nele poderiam muito bem me queimar também. Rapidamente, me arrependi da minha raiva e da minha falta de perdão e, ao invés, comecei a interceder a favor do Robert. À medida que eu pedia por misericórdia e sabedoria sobre ele, Deus começou a me mostrar o poder que eu tinha em orar pelo meu marido porque eu sou um com ele. Deus responde às minhas orações por ele mais do que qualquer outra pessoa porque nós somos um. Ele tem provado isso a mim repetidamente porque quando eu oro a favor do Robert, Deus se move.

CONSELHO PARA O OFENSOR

Existem dois lados em todo conflito. Até agora, nós temos dedicado todo esse capítulo ao ofendido. Aquele que recebe o golpe precisa perdoar, mas nós não queremos ignorar aquele que dá o soco. Poucas vezes numa discussão, alguém está completamente certo. Na maioria das vezes, os dois lados são culpados de algo. Às vezes, quando estamos orando para receber a mente de Cristo para que possamos perdoar, o Espírito Santo nos mostra que nós não somos as únicas vítimas. Cada um de nós tem que admitir, que assim como os outros nos magoaram muito, nós causamos dano a eles também.

Se você é o ofensor, peça a Deus para lhe mostrar a gravidade da sua ofensa. Debbie e eu estávamos aconselhando um casal certa vez em que o homem havia inapropriadamente se envolvido em conversas sexuais com uma mulher do escritório dele. A esposa obviamente estava muito magoada, e os olhos dela estavam inchados e vermelhos de chorar.

O homem compartilhou abertamente sobre como Deus estava trabalhando na vida dele através daquela situação. Enquanto ele falava, Deus abriu meus olhos para enxergar a gravidade da situação. Antes que eu pudesse me conter, eu deixei escapar: "Você me dá nojo!" Chocado, o homem parou de falar e me olhou com os olhos arregalados. Debbie e a esposa também olharam para mim sem acreditar, se perguntando o que havia dado em mim.

Deus havia me mostrado a tremenda dor e traição que a jovem esposa estava experimentando. Eu continuei: "Você me dá nojo! Sua esposa está sentada ali, se derramando em lágrimas, e você está me dizendo o quanto Deus está trabalhando na sua vida. Você é completamente insensível à dor que ela está sentido neste momento! Você não a machucou fisicamente, mas você a machucou emocionalmente e partiu o coração dela. É como se ela estivesse sentada ali com dois olhos roxos, um lábio sangrando e um nariz quebrado enquanto você não para de falar sobre como Deus tem usado essa situação na sua vida. Você deveria estar de joelhos na frente dela, implorando pelo perdão dela e se comprometendo pelo resto da vida a honrá-la e servi-la!"

Às vezes quando ofendemos alguém, não percebemos o quanto machucamos a outra pessoa e então nosso arrependimento não chega à altura do nosso crime. Até que sejamos capazes de nos arrependermos na mesma medida em que ofendemos, não haverá a restauração emocional que é necessária para curar o relacionamento. Peça a Deus para lhe mostrar os olhos roxos da alma do seu cônjuge para que você possa se arrepender apropriadamente.

Esperamos que, se seu marido ou sua esposa esteja lendo este livro com você, ele ou ela seja posicionado para perdoar você quando você errar. Mas mesmo tendo o perdão à sua espera, é sua a responsabilidade de confessar e se arrepender. Arrependimento envolve mudança na sua mente e mudança na sua direção. Não é o suficiente pedir desculpas se você não chegou a um entendimento claro da sua ofensa. Não é sequer o bastante sinceramente sentir muito pelo seu erro se você não tiver planos para mudar seu comportamento.

O arrependimento requer humildade, uma atitude que poucos de nós gostam de abraçar. Você tem que estar disposto a enxergar a si mesmo em verdade, uma realidade que irá humilhar tanto o ímpio quanto o justo. Já que nenhum de nós está sem pecado, nenhum de nós tem o direito de olhar com desdém para as falhas dos outros. Mesmo se estivéssemos sem pecado, nós ainda teríamos que seguir o exemplo de Jesus, renunciando aos nossos direitos para que possamos ser reconciliados em nossos relacionamentos.

A humildade no arrependimento envolve confessar seu pecado a quem você ofendeu, concordando que o que você fez foi errado, e então ativamente escolher se comportar ou reagir de formas que o manterão longe de ofender novamente. É claro que haverá ocasiões em que você cairá de volta num antigo padrão pecaminoso. Peça por graça quando isso acontecer. Se, porém, você continuar a viver sem qualquer intenção de superar aquela ofensa, você não se arrependeu verdadeiramente.

Além do arrependimento, nós temos aprendido um nível ainda mais profundo de humildade que tem evitado ofensa em muitas ocasiões. Como nós temos uma perspectiva de aliança quanto ao casamento – renunciar aos nossos direitos e assumir todas as responsabilidades – nossa interação um com o outro é muito mais cortês. Nós não iniciamos uma conversa com a intenção de atacar, e nossas discussões não consistem em declarações defensivas com o objetivo de nos proteger. Se eu vejo que o Robert ficou ofendido com o que eu disse, eu voluntariamente peço desculpas mesmo que não veja nada de errado no que eu disse. Se a Debbie me responde com frustração por causa das crianças, eu não a ofendo e a culpo por descontar em mim, a vítima inocente. Ao invés disso, carinhosamente a lembro de que estou ao lado dela. Respostas brandas desviam a ira em vez de aumentar a raiva (Provérbios 15:1). É mais importante para mim que as necessidades dele sejam supridas; é mais importante para mim que os sentimentos dela não sejam feridos.

Perdão, humildade e arrependimento atiçam o fogo do casamento. Para que o seu relacionamento queime por toda a vida, ele tem que ser cuidado constantemente. A falta de perdão, o orgulho e a teimosia são como baldes de água derramados sobre as chamas. Recuse-se a deixar que esses pecados extingam a flama do seu casamento. Satanás fará de tudo para apagar as últimas brasas de suas vidas em conjunto. Felizmente, *"Aquele que está em vocês é maior do que aquele que está no mundo"* (1 Jo 4:4). Ao seguir o ensinamento e o exemplo de Cristo, ao se comprometer a um relacionamento que reflete a imagem de Deus, você está garantindo sucesso e bênção para a sua união.

Através da oração, a Terri recebeu a mente de Cristo quanto ao seu casamento em fracasso. Ela viu quão prejudicial seu espírito de falta de perdão havia sido para seu casamento. Finalmente, ela percebeu que não só estava presa pela falta de perdão, mas que estava mantendo Frank prisioneiro também. Com suas próprias palavras, Terri confessou: "O Senhor lidou poderosamente com o meu coração. Eu percebi que o perdão era uma decisão. Não tinha nada a ver com como eu me sentia injustiçada. Aquela tarefa de perdoar, que antes parecia impossível, de repente se tornou mais fácil".

Terri foi até Frank e se arrependeu de sua falta de disposição a perdoar. Naquele momento, milagres começaram a acontecer na família deles. Seu filho do meio, aquele que sofria de asma, foi curado. O outro filho, aquele que precisava de cirurgia séria, recebeu um relatório do médico indicando que não havia nenhuma necessidade de cirurgia. E, talvez a cura mais incrível de todas, Frank e Terri nunca se divorciaram. A paz entrou no lar deles, e o casamento foi completamente reconciliado. Vida nova havia sido liberada através da escolha de Terri e Frank de perdoar um ao outro. Frank e Terri são líderes na nossa igreja. Eles permitiram que usássemos seus nomes verdadeiros porque adoram compartilhar a história deles e dar a Deus toda a glória que Ele merece.

Se você está se agarrando a uma multidão de feridas do seu cônjuge, livre-se delas. A cura nunca chegará se você continuar a beber o veneno. Escolha andar em perdão para que o poder que dá vida seja liberado no seu casamento. À medida que você perdoar, você será perdoado, por Deus e provavelmente pelo seu cônjuge também. É muito mais fácil perdoar alguém que já perdoou você no passado. Nenhum de vocês é perfeito, e cada um precisa da graça constante do outro.

Quando você ferir aquele a quem ama, arrependa-se humildemente de suas ações. Confesse o egoísmo que quebrou a aliança do seu casamento e então renuncie aos seus direitos e assuma a responsabilidade de amar. Receba em espírito de oração o perdão dado por Deus e pelo seu cônjuge. Por fim, ande nesse perdão, recusando-se a ceder à vergonha ou à culpa.

Lembre-se do conselho de Ruth Bell Graham: o casamento de sucesso é a união de dois bons perdoadores. O conflito não tem que separar vocês. Ao invés, deixe que ele os leve a níveis mais profundos de graça e humildade. E assim como o seu relacionamento com Cristo abunda em bondade por causa do perdão que Ele concedeu a você, a bondade irá fluir através do seu relacionamento de perdão mútuo... seu casamento abençoado.

CAPÍTULO DEZ

O Céu na Terra

O casal desliza sobre o chão com elegância e graça. O par dança em harmonia, girando, mergulhando e se balançando em ritmo perfeito. Como uma imagem de uma pintura refinada, eles complementam um ao outro belamente. O cavalheiro a segura firmemente, mas com delicadeza, enquanto a guia através de passos elegantes e algumas vezes ousados. Ela olha nos olhos dele com admiração, confiando em sua direção e se entregando à sua condução. A força dele apoia a forma delicada dela, e o esplendor dela ostenta a elegante agilidade dele. Apesar de ele não falar, ela sabe a direção dele e, apesar de ela não perguntar, ele sabe a intenção dela.

Espectadores em volta, criando um palco no qual a hipnotizante dupla cativa os observadores com seu romance, sua habilidade e seu desempenho impecável. Ninguém na multidão percebe a complexidade dessa parceria: a liderança dele e a entrega dela. Tudo que veem é a beleza, a conexão de dois indivíduos se movendo como um, com elegância e confiança.

Um casamento abençoado é uma dança muito parecida com essa, fluindo naturalmente porque foi assim que Deus planejou que fosse. Enquanto o homem guia sua esposa com amor pela vida, ela honra a direção dele, seguindo-o. Os dois experimentam uma intimidade tão profunda que as palavras sequer são necessárias para comunicar seus corações. Para o mundo, eles mostram a harmoniosa postura de seu Criador e Senhor.

Incrivelmente, quando uma multidão se reúne para assistir uma dança bem apresentada, ninguém comenta sobre os métodos dominadores do homem ou da submissão tipo capacho da moça. Não, todos permanecem boquiabertos com a invejável conexão do casal. Quando os papéis são respeitados e obedecidos, os dois se tornam como um, movendo-se com propósito, habilidade e destreza.

A bênção está à espera do seu casamento, mesmo que vocês estejam apenas aprendendo a dançar um com o outro. Sim, primeiro você tem que morrer para si mesmo, para sua agenda e para seus direitos. Sim, você tem que colocar seu cônjuge como a prioridade máxima. Sim, você tem que assumir todas as obrigações de amar, honrar e se submeter. Homens, vocês têm que aprender a se comunicar e assumir responsabilidade. Mulheres, vocês têm que satisfazer as necessidades sexuais dele e derramar honra sobre ele. E, quando seu cônjuge não estiver fazendo a parte dele, você tem que perdoar, confiar em Deus e orar por ele. Parece muito trabalho, mas uma vez que você começar essa dança, você descobrirá o Céu na Terra.

Deus sempre honra a obediência. Quando você vive seu casamento em aliança, Ele se agrada. E como um pai orgulhoso que compra sorvete para seu filho depois que ele corta a grama pela primeira vez, nosso Pai Celestial derrama bênçãos ricamente sobre aqueles que honram Suas instruções para o casamento.

PRODUZINDO FRUTO

O primeiro mandamento de Deus para Adão e Eva era o de se multiplicarem e darem frutos (Gênesis 1:28). Seu plano original não era ter um homem e uma mulher feitos à Sua imagem para governar sobre toda a Terra. Não, Seu plano era ter toda uma raça de pessoas que se parecessem com Ele. Em vez de Ele mesmo popular a Terra, Ele incluiu Adão e Eva nesse processo. Ele lhes disse para produzirem uma descendência que se parecesse com Ele.

É impossível reproduzir sozinho. Até mesmo os pássaros e as abelhas sabem que é necessário um par. Dois tem que se unir e se tornar um antes que possa haver uma descendência. O homem e a mulher foram comissionados pelo Próprio Deus a se unirem e produzirem filhos que se parecessem com Deus. Que tarefa incrível e grande recompensa por se unirem!

Entretanto, além de se unir e ter filhos, Deus quer que a nossa produção de frutos se estenda a outras áreas da vida. A raça humana é a única que carrega a imagem de Deus, mas outras obras comunicam Sua verdade, Seu amor e Sua bondade ao mundo também. Um princípio maravilhoso tem sido provado repetidamente em casamentos, famílias, equipes e organizações: enquanto um pode vencer mil, dois podem vencer dez mil (Deuteronômio 32). Unir-se em unidade em direção a um objetivo comum causa crescimento exponencial no resultado!

Eu (Robert) tenho tido um ministério incrivelmente frutífero durante os últimos vinte e cinco anos. A experiência e a Palavra de Deus têm me ensinado por que tem sido tão frutífero... Eu tenho estado bem com Deus, e eu tenho estado bem com a Debbie. Apesar de a Debbie não ser uma pregadora como eu sou, a parceria que temos na vida e a unidade de direção que nós mantemos no ministério têm trazido crescimento exponencial às coisas que temos feito para Deus, inclusive à minha pregação. O Senhor vê a integridade do nosso casamento e me abençoa com uma unção que produz frutos transbordantes.

Considere o ministério do apóstolo Paulo. Apesar de Paulo não ser casado, ele viajava e ministrava com uma equipe. Em todo o livro de Atos, detalhando os quatro viagens missionárias de Paulo e seus companheiros, houve apenas uma cidade a qual Paulo foi sozinho. Ao tentar escapar de multidões enfurecidas em Beréia, Paulo seguiu adiante de seu grupo para Atenas para esperar que se juntassem a ele. É claro que, como ele era desinibido e ousado, ele não conseguiu esperar lá sem fazer nada. Paulo começou a compartilhar o Evangelho abertamente tanto com os judeus quanto com os gentios. Uma das mensagens que ele pregou lá é considerada como uma de suas melhores, muitas vezes citada e comentada hoje. Porém, apesar de sua eloquência e seu entusiasmo, nenhuma igreja foi plantada em Atenas (Atos 17:15-34). Todas as outras cidades em que Paulo pregou e ministrou com sua equipe receberam o nascimento uma nova igreja. Atenas, no entanto, não recebeu.

Em seu ministério, Paulo aprendeu a necessidade da parceria para ver frutos. Na verdade, há um relato de quando Paulo se sentiu direcionado pelo Espírito para ir a certo lugar, mas não foi porque Tito não estava com ele (2 Coríntios 2:12-13). Ele sabia que suas maiores chances de alcançar pessoas eram quando ele ministrava com uma equipe.

Marido e esposa, seu casamento abençoado pode produzir frutos na sua vida que vocês nunca imaginaram ser possíveis. Quando vocês sonham juntos, trabalham juntos, oram juntos e servem juntos, bênçãos exponenciais serão derramadas sobre suas vidas, e vida jorrará abundantemente. Podemos até dizer que quando vocês dois forem guiados pelo Espírito de Deus para realizar algo juntos, nada será retido de vocês.

Lembra-se da história da Torre de Babel em Gênesis 11? Toda a humanidade havia se reunido com uma língua e um propósito: construir uma grande cidade e uma torre para o céu a fim de serem famosos para que não fossem espalhados pela face da Terra. A resposta de Deus aos planos deles foi confundir sua língua para que fossem forçados a se dispersarem. Ele sabia que com o poder que tinham na unidade, nada que propusessem a fazer seria impedido (Gênesis 11:1-9). Naquela época da História, Cristo ainda não havia morrido para redimir os propósitos do coração do homem, portanto, os planos deles levariam à corrupção e à destruição. Ele teve que frustrar seus esforços para que Seu plano para a verdade e a vida pudesse ser realizado.

Alguns milhares de anos depois, outro grupo de pessoas se reuniu sob uma língua e um propósito, e Deus não frustrou os seus planos. Em Atos 2, vemos os discípulos de Jesus reunidos quando o Espírito Santo veio sobre eles, dando-lhes o dom de falar em línguas. Jesus já havia os comissionado a levar o Evangelho ao mundo, e uma vez que receberam a prometida capacitação do Espírito Santo, partiram para cumprir o propósito de Jesus. O livro de Atos continua relatando o tremendo sucesso da Igreja primitiva. Milagres eram abundantes, e eles viam pessoas sendo ressuscitadas, muitas sendo curadas e multidões sendo salvas. Hoje, os especialistas em crescimento da Igreja olham para a Igreja primitiva e tentam localizar com precisão a fonte de seu incrível sucesso. Na maioria das vezes eles não conseguem... A Igreja primitiva era tão frutífera porque era unificada!

E quanto a você? As pessoas olham para a sua vida e se maravilham com os tremendos frutos? Você e seu cônjuge estão unidos sob um propósito? Com a ajuda do seu marido ou da sua esposa, você pode realizar dez vezes mais do que você pode realizar sozinho. Unam-se como um. Orem. Sonhem. Segurem a mão um do outro, e deem um passo ao caminho de bênçãos e frutos abundantes.

CUMPRA O SEU POTENCIAL

A tecnologia atual é incrível. Você já viu aquelas máquinas multifuncionais que imprimem, copiam, enviam fax e escaneam? Se você saísse e comprasse esse aparelho, o levasse para casa, o instalasse e depois o usasse todos os dias para enviar cartas por fax para o seu chefe, você estaria tirando máximo proveito do seu dinheiro? Com certeza não. Se a máquina também pode imprimir, copiar e escanear, você deveria usá-la até sua capacidade máxima.

Deus criou você para realizar muitos propósitos também. É muito provável que você já descobriu alguns na vida. Você é um empresário. Você é um professor. Você é um diácono na igreja. Você é um voluntário no centro comunitário local. Deus encheu você de tanto potencial que você levará toda a vida para descobrir tudo. Porém, um papel específico com o qual você talvez não perceba que foi equipado na vida é o de ajudar o seu cônjuge a alcançar todo seu potencial.

No capítulo dois, nós explicamos que o homem foi criado para alcançar todo seu potencial com a ajuda da mulher, e a mulher foi criada para alcançar todo seu potencial com a ajuda do homem. A capacidade do seu cônjuge de fazer tudo que ela ou ele foi criado para fazer depende muito do quanto você ajude. Agora, já que foi isso o que Deus equipou você para fazer, isso faz parte do seu destino também. Você nunca irá alcançar todo o seu potencial a menos que viva cumprindo a sua responsabilidade na vida do seu cônjuge. Isso é ultimamente como um grande círculo. Você o ajuda a alcançar seu potencial e, ao fazer isso, você alcança o seu. Ele ajuda você a alcançar o seu potencial e, da mesma forma, ele alcança o dele.

Podemos estar ainda mais satisfeitos com a vida do que quando vivemos de acordo com o nosso potencial máximo? O casamento lhe dá a oportunidade de ter uma vida plena. Existe alegria em ver sua esposa se tornar tudo que ela foi destinada a se tornar, mas também existe contentamento em se tornar tudo que você foi criado para ser.

Homens, lembrem-se, vocês são a fonte delas para tudo que elas precisam na vida. Essa é a função de vocês. Esse é o chamado de vocês. Mulheres, não esqueçam, vocês dão vida aos sonhos e objetivos deles. Esse é o dom de vocês. Esse é o chamado de vocês. Ajude seu cônjuge a cumprir o potencial dele para que você também possa se tornar tudo que Deus planejou que você fosse.

COLHA AS RECOMPENSAS

Talvez, os benefícios mais naturais de um casamento abençoado venham quando seu cônjuge responde às suas ações e atitudes santas com ações e atitudes igualmente santas. Como mencionamos antes, um marido amoroso pode curar uma esposa desrespeitosa, e uma esposa honrosa pode curar um marido que não é amoroso. Quando você morre para si mesmo e se move em direção ao outro com amor, honra e submissão, ele ou ela irá perceber. E apesar de você talvez não ver uma mudança imediata, ao longo do tempo as reações a sua santidade tomarão a forma de santidade também.

Quando você se casou, era como se você tivesse se mudado para uma fazenda na época da colheita... você comeu uma colheita que não plantou. Após uma vida de ensinamentos, experiências, dores e memórias, você entrou na vida do seu cônjuge e provou a doçura e a amargura que já faziam parte. Todos entram no casamento com algum tipo de bagagem... para mim (Debbie), foi a insegurança; para mim (Robert), foi a insensibilidade. Essa bagagem torna a vida a dois difícil e torna a harmonia quase impossível às vezes! Porém, você só tem que comer dessa colheita durante uma temporada. Assim que você se casa, você começa a plantar sementes na vida do outro. Quando essas sementes brotam, você será forçado a lidar com a colheita que produziu. Seguindo o caminho de um casamento abençoado, você plantará sementes de amor e gentileza que se transformarão numa colheita de intimidade e ternura. Que recompensa mais doce existe no casamento do que uma intimidade tenra?

Permita-nos dar alguns exemplos práticos sobre plantar sementes positivas na vida do seu cônjuge. Cavalheiros, lembram-se de quando falamos sobre a necessidade de carinho que a mulher tem? Quanto mais carinhosos vocês forem, mais sexual ela se tornará. Senhoras, lembram-se de quando falamos sobre honrar seu marido como o rei do castelo? Quanto mais você tratá-lo como um rei, mais ele irá tratá-la como rainha. Maridos, quando vocês suprirem a necessidade dela por segurança, ela florescerá como uma esposa respeitosa e adorável. Esposas, quando vocês suprirem a necessidade dele por companheirismo, ele as surpreenderá com convites que provam o amor dele por vocês. Rapazes, quando vocês se abrirem às perguntas sondadoras dela, ela será atraída pela sua sinceridade e se apegará mais a você como nunca antes. Moças, quando vocês se submetem à liderança dele, ele tem a oportunidade de mostrar sua força e guiar vocês em santidade.

Toda ação convida uma reação. Quando suas ações amorosas se encontrarem com as reações amorosas do seu cônjuge, vocês descobrirão uma vida que é o Céu na Terra. O plano divino de Deus para o casamento era que duas pessoas, mortas para si, vivessem para suprir as necessidades do outro para que todas as necessidades fossem supridas, não de maneira egoísta, mas de maneira altruísta.

Os maridos devem se parecer com Cristo. As esposas também devem se parecer com Cristo. Quando duas pessoas que se parecem com Cristo vivem juntas, a união deles é o Céu na Terra.

UM EXEMPLO PARA O MUNDO VER

Após vinte e seis anos de casamento, nós podemos olhar para trás e nos lembrar dos casais santos que representavam um casamento abençoado para nós. O sábio conselho deles nos instruiu a caminhos justos, mas o mais comovente era seu exemplo diário. Ainda hoje, vemos esses belos relacionamentos e colhemos princípios de Deus da vida deles que podemos implementar também a fim de convidar ainda mais bênçãos do Senhor.

Se você nunca viu de perto o esplendor de um casamento abençoado, provavelmente é até difícil para você imaginar que esse tipo de casamento seja possível. Nós encorajamos você a encontrar um exemplo disso para seguir em seu próprio casamento. Peça a Deus que lhe mostre um casal que possa mentorear e treinar você na arte de um relacionamento santo. Se você já tem um casamento abençoado, olhe a sua volta e encontre um casal jovem que poderia ser beneficiado com a sua experiência e sua orientação.

Para aqueles de vocês que já têm filhos, por favor, saibam que eles estão esperando que vocês os ensinem como o futuro casamento deles deve ser. Eles talvez não percebam, mas toda a perspectiva sobre relacionamentos que tiverem será formada pelo modelo que vocês oferecem. Porém, o que é ainda mais urgente na vida deles é a necessidade de pais santos cujo profundo amor um pelo outro ofereça um lar e um futuro estáveis para eles. Quando as tempestades da vida inevitavelmente vierem a caminho deles, eles precisarão estar ancorados numa família saudável para conseguir passar por elas.

Ter um casamento abençoado transcende a sua própria felicidade e a sua plenitude pessoal. Deus criou o casamento para refletir a imagem Dele, para apresentar Suas características singulares ao mundo em forma de figura para que as pessoas pudessem entendê-Lo e abraçá-Lo. Você é essa imagem para a sua família, sua comunidade, sua igreja, e para quem mais esteja observando sem que você saiba. Que privilégio maravilhoso é mostrar nosso Pai para um mundo desesperado por Seu amor!

SE O FUTURO PARECE SOMBRIO...

Certa vez, um casal abordou o Robert pedindo conselho sobre casamento. Quando Robert e eu nos encontramos com eles, ouvimos a história deles, que era mais menos assim: "Nós fomos criados na igreja e fomos salvos quando éramos crianças. Viemos de lares saudáveis, e nosso pastor foi o fundador de um dos melhores ministérios conjugais do país. Já participamos de vários seminários sobre casamento antes e depois de casados".

Ela nos disse: "Eu sei que eu deveria honrar meu marido, e também sei que não estou fazendo isso".

Ele nos disse: "Eu sei que eu deveria colocar as necessidades dela em primeiro lugar em nosso relacionamento, mas sei que também não estou fazendo isso".

Eles citaram um princípio de casamento após o outro que haviam aprendido, mas não estavam fazendo. Após cerca de uma hora escutando, Robert se inclinou para frente e disse: "Eu vou dizer algo para vocês que nunca disse a nenhum outro casal em mais de vinte anos de aconselhamento conjugal".

Eu me lembro de ter pensado comigo mesmo: "Cara, mal posso esperar para ouvir isso. Que palavras de sabedoria ele está prestes a declarar que podem consertar esse casamento destruído? Vou prestar bastante atenção para passar esse conselho para outras pessoas que estão lutando no casamento".

Então, ele disse as palavras que eu nunca esquecerei: "Eu não posso ajudar vocês". Com isso, ele se encostou de volta na sua cadeira e simplesmente ficou olhando para o casal. Todos nós ficamos atordoados e em silêncio.

Antes que eu tivesse a chance de questionar o comentário do Robert, o marido se manifestou e perguntou: "Como assim você não pode nos ajudar?"

Robert respondeu: "Quando as pessoas têm problemas, elas vão até o pastor para pedir ajuda. Ele dá algumas respostas que elas não sabiam, e então elas aplicam esse conhecimento à situação e funciona. Vocês, por outro lado, já sabem as respostas certas, mas não a executam. Vocês não têm um problema de falta de conhecimento... vocês têm um problema de rebelião. A única coisa errada com o casamento de vocês é que você (olhando para o marido) se recusa a amá-la como Cristo ama a igreja, e você (olhando para a esposa) se recusa a honrá-lo como honra ao Senhor. Mas vocês já sabem disso, então não posso ajudá-los!" Com isso, ele nos guiou em oração e terminou a reunião.

O jovem casal nos agradeceu pelo nosso tempo e foi embora. No carro, mesmo antes de deixar o estacionamento, o marido se virou para sua esposa com lágrimas nos olhos e disse: "Ele está certo, eu sinto muito!" Eles conversaram por 45 minutos, chorando e orando juntos e, naqueles instantes, o casamento deles deu uma reviravolta para melhor.

Agora, mais de cinco anos depois, ela faz parte da nossa equipe, e ele é um de nossos diáconos. Ao observar o casamento deles hoje, você nunca imaginaria que tenha passado por condições desesperadoras antes. Eles possuem um casamento incrivelmente abençoado porque os dois assumiram a responsabilidade de obedecer à instrução que haviam recebido da Palavra de Deus.

Isso pode parecer difícil de admitir, mas talvez você não tenha um problema de casamento... talvez você tenha um problema de rebelião. Se você sabe as coisas certas a fazer, mas não as faz, a resposta para você é simples. Comece a fazer o que você já sabe que deve ser feito e então deixe o resto com Deus! Nós não queremos soar rudes, mas queremos levar você à obediência que conduzirá à bênção no seu casamento.

Se um casamento abençoado ainda parece estar longe do seu alcance porque você tem um cônjuge que não está disposto a obedecer e fazer a parte dele, não esqueça, você pode ser o redentor no relacionamento. Jesus fez isso por você. Ele nos redimiu mesmo quando ainda estávamos em rebelião. Ele morreu primeiro! Quando você morre primeiro, pode confiar que Deus trará a bênção. Se você tem medo de entrar numa aliança onde assumirá todas as responsabilidades, pois fica se perguntando como suas próprias necessidades serão supridas, novamente, confie em Deus para supri-las. Ele pode cuidar de você muito melhor do que você pode cuidar de si mesmo. Ele sabe do que você precisa mais do que você mesmo.

Anos atrás, Robert voltou para casa após uma longa viagem do ministério. Ele somente ficaria em casa por mais alguns dias antes de viajar de novo. Nossos filhos e eu estávamos muito animados de vê-lo e passar tempo com ele. Apenas alguns minutos após ele ter chegado em casa, um amigo dele ligou e o convidou para jogar golfe. Apesar de eu saber que ele precisava de um tempo de lazer, eu também sabia que a família dele precisava ficar com ele. Quando ele me perguntou se podia ir, eu tentei esconder meu desapontamento e disse para ele ir em frente. Eu achava que a família toda podia passar a noite reunida. Em meu coração, eu tentei ficar feliz por ele e não dizer nada que estragasse o dia dele.

Dentro de alguns minutos, ele havia partido. Porém, assim que ele saiu pela porta, ficou com dor de cabeça. Segundo o que ele me disse, ele sabia que Deus não se agradou com a decisão dele, mas mesmo assim ele estava determinado a encontrar seu amigo. A dor de cabeça dele ficou mais intensa e, antes de chegar ao campo, ele teve que parar para comprar alguns analgésicos. Quando finalmente começou a jogar, Robert se sentia horrível. Ele durou só até o quarto buraco, e sua visão começou a ficar embaçada e ele vomitou logo ali no gramado. (Se você não joga golfe, é algo ruim vomitar no gramado!)

Derrotado, Robert desistiu. No caminho para casa, Deus começou a lidar com ele. Especificamente, Deus lhe disse para voltar para casa e se arrepender para mim. Aparentemente, Robert lutou contra aquela instrução, dizendo a Deus que sentia muito, mas que pedir perdão feriria o orgulho dele. Bem, Deus não o deixou escapar assim tão facilmente. Ele continuou a dizer a Robert para não somente se desculpar, mas também pedir que eu orasse pela cura dele. Naquele momento, eu acho que Robert pensou em ficar com a dor de cabeça.

Ele me surpreendeu ao chegar cedo em casa e me chocou mais ainda com o relato da dor de cabeça. Pela graça de Deus, eu não disse nada do que me arrependeria, mas, ao invés, ofereci remédio a ele. Recusando o remédio, ele me pediu para sentar ao lado dele no sofá. Depois de compartilhar sua conversa com Deus, ele confessou seu egoísmo e pediu perdão. De bom grado, eu o perdoei. Então, ele me pediu para orar por sua cura. Enquanto eu orava, Deus imediatamente curou a dor de cabeça dele. Nós passamos o restante do dia em família, curtindo a companhia um do outro.

Se eu tivesse reclamado ou ficado aborrecida quando Robert tivesse pedido para ir jogar golfe, ele provavelmente teria ficado em casa. Mas ele teria cedido de má vontade. Ao responder a ele com amor e confiando em Deus para mudar o coração dele, a situação terminou muito melhor. Hoje eu olho para trás e vejo esse acontecimento como um ponto decisivo no crescimento de Robert como marido. Ele sabe que eu o confio a Deus, e também sabe que Deus está cuidando de mim. Robert me trata com amor e prioridade porque Deus o ensinou a fazer isso.

Nós percorremos um longo caminho. Deus tem sido muito bom conosco em cada passo: nos disciplinando, nos ensinando, nos perdoando, e nos recompensando. A oportunidade de escrever esse livro é outra bênção maravilhosa para nós. Pensar que Deus nos tirou de um estado instável de imaturidade, insegurança e insensibilidade, para um lugar onde podemos ensinar aos outros como ter um casamento santo é... incrível. No entanto, não temos nada do que nos vangloriar porque sabemos, mais do que qualquer outra pessoa, que foi apenas respondendo à graça de Deus que nos trouxe até aqui. Nosso casamento é abençoado porque nós dois aprendemos a morrer. Quando morremos, nós fomos para o Céu... o Céu na Terra.

Nosso Pai não mostra favoritismo entre Seus filhos. As bênçãos que conhecemos estão disponíveis para você também. Intimidade, frutos, e plenitude podem ser seus quando você escolher morrer.

Qualquer e *todo* casamento pode ser um casamento abençoado se ambos os parceiros escolherem morrer para o egoísmo e viver para agradar e servir ao outro.

No Reino de Deus, a morte sempre traz vida... e a vida que ela traz é sempre melhor do que a vida que foi renunciada. Vá em frente e morra. O Céu está esperando por você.

www.ingramcontent.com/pod-product-compliance
Lightning Source LLC
Chambersburg PA
CBHW031850090426
42741CB00005B/436

9 7 8 1 9 4 5 4 8 8 0 3 0